MASSACRE
À LA CHAINE

Willy Voet

MASSACRE
À LA CHAÎNE

Révélations sur 30 ans de tricheries

Calmann-Lévy

© Calmann-Lévy, 1999
ISBN 2-7021-2997-8

À Bruno, Éric et Nathalie.

Préface

La décision fut difficile à prendre. Écrire un livre vérité sur les dissimulations du cyclisme, passer à rebrousse-poil trente ans de silence, témoigner de l'envers d'un décor auquel j'ai longtemps appartenu, non, croyez-moi, ça n'a pas été facile. Et puis, j'entends déjà les sarcasmes : briseur de rêve, cracheur dans la soupe, fossoyeur d'un sport populaire. Oui, c'est ainsi qu'on peut le prendre si l'on ne veut rien savoir, si l'on se fiche du pourquoi et du comment pourvu que la roue tourne. Mais à quel prix...

Tout ce que vous allez découvrir n'est pas motivé par la vengeance ou l'amertume. Il ne s'agit pas de rumeurs entendues ici ou là, mais bel et bien de faits réels et vécus. Je bourlingue depuis 1972 dans le cyclisme de haut niveau ; j'ai, comme l'on dit, de la bouteille et, sans prétention, je peux reconnaître huit fois sur dix, à de petits signes imperceptibles pour d'autres, qui est « chargé » et qui ne l'est pas. Avec ce livre honnête mais dérangeant, voire choquant, je ne vais pas me faire que des amis. Beaucoup m'ont témoigné leur soutien ces derniers mois, mais certains, qui ont préféré un mutisme sans scrupule, m'ont proprement lâché. Je pense aussi à ceux qui ne veulent pas affronter leur conscience en face, les yeux dans leurs propres yeux. Peur ou intérêt ? Je les plains, en tout cas.

Non, il n'est pas facile de révéler des pratiques pas belles à voir. Et il y avait beaucoup de choses à cacher. Non, il n'est pas facile de se mettre à nu et d'affronter le regard de l'opinion publique. Car c'est aussi de vous dont il s'agit, puisqu'on a abusé de votre crédulité, de votre enthousiasme. Souvent, je me suis interrogé. As-tu le droit de faire ce que personne n'avait fait avant toi ? Peux-tu prendre la lourde responsabilité de briser la loi du silence ? Qui es-tu pour vouloir mettre au jour les racines vénéneuses d'une famille qui sait si bien sourire dans l'album de ses souvenirs ? Aurais-tu rédigé ce livre si, le 8 juillet 1998, tu n'avais pas été appréhendé par les douaniers ? J'ai réfléchi, j'ai hésité. Car, je le reconnais, sans ma garde à vue, sans mes seize jours de prison, jamais je n'aurais compris. La force de l'habitude, la routine, le confort, que voulez-vous. Puis j'ai réalisé qu'il le fallait. Quitte à briser des légendes. Quitte à faire mal.

PRÉFACE

Parce que ceux qui, comme moi, aiment plus que tout le vélo, ne se retrouvent plus dans cette course à l'armement interdit dont on ne voit pas la fin. Parce que j'ai le sentiment que le cyclisme est allé trop loin, abandonnant en route ses valeurs originelles, et qu'il résiste à l'idée de revenir sur lui-même. Parce qu'il est grand temps de reconnaître nos erreurs. Pour mieux appréhender le mal et, je l'espère, l'éradiquer. Parce que je sentais la nécessité de m'expliquer devant mes proches, de leur prouver que je n'étais pas le bandit qu'on décrivait dans certains médias. Que mes enfants sachent répondre aux ragots, aux insultes parfois. Parce que, enfin, il fallait qu'un de nous le fasse. Sans vergogne, sans pudeur, sans concession. Pas en se contentant de survoler ce monde pollué, comme l'a fait Erwann Menthéour, qui n'a passé que quatre années chez les professionnels, dans un livre forcément réducteur et incomplet, mais en m'y immergeant profondément pour passer en revue toutes les époques du dopage. Parce que en m'évinçant sans explication de l'équipe où j'exerçais ma passion, parce que en m'interdisant de pratiquer mon métier pendant trois ans, autant dire à perpétuité vu mon âge, on a voulu faire de moi un bouc émissaire idéal, le fusible qu'on débranche pour éviter l'explosion, un gêneur, un margoulin, un paria. Trop facile. Car

des Willy Voet, il s'en trouve partout. La différence, c'est que moi, j'ai décidé de sauter le pas.

J'ai cinquante-quatre ans. J'ai perdu mon travail, ma santé est mauvaise, je ne peux dormir
sans somnifère et mes nuits ne seront plus
jamais paisibles. Malgré tout, je fais toujours des
rêves. Comme celui de voir mon fils, Mathieu,
me reparler un jour de cyclisme avec ses yeux
d'antan. Je suis depuis près d'un an sous contrôle judiciaire mais, en dépit des apparences, je
suis devenu un homme libre. Plus libre finalement que ceux qui courent avec ce fardeau si
difficile à porter.

Voici pourquoi.

I

Champagne, perfusion et bac à légumes...

Voilà un déplacement que j'aime bien, peut-être même celui qui me procure le plus de plai-sir. Parce que c'est l'une des rares occasions où je peux emmener avec moi mon épouse, Sylvie, et mes deux enfants, invités par l'équipe Festina. Quand on passe chaque année plus de deux cents jours sur les routes, on apprécie ce week-end de fin juin ou de début juillet. Oui, le cham-pionnat de France, même pour moi qui suis fla-mand, c'est quelque chose.

C'était le 4 juillet 1998, la veille du champion-nat. Nous sommes partis vers 7 heures de notre appartement de Veynes, dans les Hautes-Alpes. Pour retrouver la grande famille, j'ai mis la petite, la mienne, dans la Renault 21. Façon de parler puisque c'est Sylvie qui était au volant. En décembre 1997, après quatre excès de vitesse, on m'avait retiré mon permis pour six mois et, depuis, je me faisais transporter. Qu'importe, j'étais content de monter à Clermont-Ferrand, avec Mathieu et Charlotte à l'arrière. D'autant que c'était aussi le jour de mon anniversaire. Cinquante-trois ans. Dire que j'avais à peine vu le temps filer.

Nous sommes arrivés à l'*Inter Hôtel* vers 11 h 30. En attendant le retour des coureurs, partis s'entraîner, j'ai tué le temps en discutant avec les mécaniciens, Cyrille Perrin et Patrick Jean. « Ils ne vont pas tarder, ils sont sortis pour deux heures. »

En effet, un premier groupe n'a pas tardé à revenir. Hervé, Moreau, Brochard, Rous et Virenque, les coureurs français du Tour.

— Et les autres, où sont-ils ?

— Ils arrivent, ils arrivent...

La plupart du temps, l'équipe se divisait en deux clans. D'un côté, les gars qui disputaient le Tour, les costauds quoi, ceux qui faisaient la pluie et le beau temps, de l'autre, le reste de l'équipe : Bassons, Halgand, le petit Lefèvre, Médan et Laurent. Cette séparation se retrouvait à table. Pour moi, c'était devenu normal, mais c'est la première chose qui a choqué ma femme. « Bonjour l'ambiance », m'a-t-elle glissé.

J'ai présenté Sylvie et les enfants aux nouveaux, j'ai déchargé la voiture puis monté ma table de massage avant le déjeuner. Je me suis occupé de Virenque, de Brochard et de Rous au sortir du repas. L'après-midi s'est déroulé tranquillement et nous nous sommes tous retrouvés pour le dîner.

Ce soir-là, dans la grande salle du restaurant, l'équipe était réunie autour de quatre tables : à la première, les coureurs du Tour avec leurs épouses, à la deuxième, les autres coursiers, également accompagnés, à la troisième, soigneurs et mécanos, à la dernière, enfin, l'encadrement : Bruno Roussel, son adjoint, Michel Gros, et Joël Chabiron, le manager, attablés avec leurs femmes. Cette répartition, habituelle au cours de l'année, pouvait varier selon la place disponible dans les restaurants.

J'ai commandé du champagne. Un anniversaire, même à la veille d'une course, ça se fête. Trois bouteilles pour arroser le dessert. Le serveur est arrivé avec un gâteau, une Forêt noire commandée par Bruno Roussel. À leurs tables, les coureurs levaient leur flûte en me saluant, ils chantaient. Pascal Hervé et Richard Virenque sont même venus m'embrasser et me souhaiter bon anniversaire.

Après le dîner, je me suis occupé des bidons avec un autre soigneur, Laurent Gros, le fils de Michel. On y verse généralement de l'eau et du sirop ou une boisson énergétique. Puis nous avons préparé le ravitaillement. Ensuite, vers 22 heures, je suis monté chez moi. Normalement, je fais ça dans les chambres des coureurs, mais c'était impossible devant leurs femmes...

Ça ? Une injection intramusculaire de cortisone à chacun. Dix milligrammes de Kenacort dans une fesse. Indécelable dans l'urine. En cas de contrôle sanguin, le médecin peut constater une anomalie mais ne peut affirmer que l'apport est exogène, puisque les glandes surrénales produisent naturellement de la cortisone. C'est un peu pour cette raison que les coureurs jurent qu'ils ne se dopent pas. Ils croient même ce qu'ils disent ! Simplement parce que les produits ne sont pas retrouvés dans les contrôles. Pas vu, pas pris, pas fait.

L'effet des corticoïdes est d'ailleurs pervers : lorsqu'on en injecte, les glandes surrénales se mettent au repos. C'est pour cela que les sportifs qui en ont abusé souffrent de carences, en calcium notamment. Leurs défenses immunitaires sont affaiblies. Après une fracture, leurs os mettent un temps infini à se recalcifier. L'usage prolongé de la cortisone est donc pure folie. Mais c'était le dernier de nos soucis, tout comme la caravane antidopage qui attendait les coureurs sur la ligne d'arrivée de Charade. La seule question que nous nous posions était celle de la bonne dose à injecter. Si près du Tour, il faut un minimum de cortisone car le taux augmente très vite pendant six heures avant de retomber tout aussi rapidement. Dans notre jargon, on dit qu'il fait une « pointe ».

Une fois les injections effectuées, j'ai vérifié le taux d'hématocrite des coureurs. Brochard était à 47, Rous à 49,7, et Virenque pointait à 50,2. Pascal Hervé culminait à 51,3 tandis que Christophe Moreau affichait pile 48. À la vérité, ces chiffres élevés étaient attendus. Pour deux raisons. La première est que nous étions à une semaine du départ du Tour de France. À l'approche de cette échéance majeure, il faut que le taux soit le plus proche possible de la limite de 50 instituée depuis 1997 par l'Union cycliste internationale (UCI). Pendant la course, il ne reste plus qu'à le maintenir. Mais à 45 par exemple, il est impossible de faire monter le taux pendant l'épreuve car le coureur produit trop d'efforts. La deuxième raison, c'est que les coureurs voulaient gagner ce championnat de France. Surtout Virenque. De ce parcours sévère, il avait même fait son premier véritable objectif de la saison.

Pour prévenir une éventuelle visite des contrôleurs médicaux au petit matin, j'avais préparé la parade. Rien d'exceptionnel tellement nous étions rodés. J'avais monté dans les chambres des perfusions de sodium, des poches d'un litre d'eau mélangé à 0,09 % de sodium. Par précaution, je les enveloppais dans une serviette avant de les glisser sous les lits. En cas d'urgence, il suffisait de décrocher un tableau du mur et d'utiliser le crochet pour y suspendre les perfusions. S'il n'y avait pas de crochet, je prenais un rayon de vélo que je tordais en « S » et que je suspendais, par exemple à une tringle à rideaux. Le reste était un jeu d'enfant : enfoncer le tuyau dans la perfusion, le purger, puis, à l'autre bout du tuyau, installer l'aiguille maintenue par un papillon dans le bras du coureur, ouvrir la mollette du tuyau et vérifier l'écoulement des premières gouttes, pas plus de soixante gouttes la première minute afin d'éviter les éventuelles réactions. Ensuite, j'ouvrais la mollette à fond car c'est alors sans risque. L'injection totale prenait une vingtaine de minutes. Le taux d'hématocrite tombait de trois unités.

Cette installation ne prenait pas plus de deux minutes, ce qui nous permettait d'être opérationnels le cas échéant. Le matin, Bruno Roussel était averti le premier de l'arrivée des contrôleurs, qui venaient ensuite dans ma chambre et dans celle du médecin de l'équipe, Eric Rijckaert, s'il était avec nous. Et c'était parti mon kiki...

Lorsque les premiers contrôles du taux d'hématocrite ont été appliqués sur le Paris-Nice 1997, nous étions fin prêts depuis l'hiver, plus précisément depuis l'annonce de cette mesure par le règlement de l'UCI. Au départ, j'étais le seul à posséder l'appareil de contrôle à piles, qu'on appelait la « centrifugeuse » et que Rijckaert s'était procuré en Allemagne. Et pour cause : il valait tout de même plus de trois mille francs et les coureurs faisaient la queue dans ma chambre ! Mais, dès le Tour de France 1997, le contrôle s'était généralisé et individualisé. Les deux tiers des coureurs possédaient désormais leur propre appareil de vérification. Ils se l'étaient fait envoyer par la poste à leur domicile, en prenant soin de mentionner le nom de jeune fille de leur épouse pour brouiller les pistes. On n'est jamais trop prudent. Le destinataire payait à réception.

Cette petite boîte magique, de vingt centimètres sur huit, contient donc une centrifugeuse. On prélevait le sang directement dans l'artère, ce qui vaut mieux que de piquer le bout d'un doigt avec une aiguille : on a tendance dans ce cas à presser sur une phalange et le sang est trop concentré. Pour chaque coureur, on remplissait deux tubes (une précaution au cas où le premier se briserait) très courts et plus fins qu'une mine de stylo. Quelques gouttes suffisaient, pas même un centilitre. On glissait alors les deux tubes dans la centrifugeuse, qui tourne à dix mille tours minute pendant deux minutes environ avant de s'arrêter automatiquement. Quand on ouvrait l'appareil, le plasma, couleur blanc d'œuf, était séparé des globules rouges. Il n'y avait plus qu'à lire le taux hématocrite sur la barre graduée qui traverse la centrifugeuse et qui correspond à la frontière entre le plasma et les globules rouges. Pour plus de sécurité, je me servais d'une loupe. Et le tour était joué.

Si Richard Virenque a perdu le championnat de France cette année-là, c'est parce qu'il a couru comme un âne. Le circuit était pourtant fait pour lui, Richard était au sommet de sa condition et nous semblait imbattable, même par le meilleur Jalabert. C'était le genre de tracé, onze boucles avec de forts pourcentages, qui opérait graduellement une sélection par l'arrière. Il fallait donc se placer parmi les vingt premiers, suivre le mouvement et attendre que le groupe de tête se résume aux tout meilleurs, à deux tours de l'arrivée, pour donner le maximum.

Richard avait rallié le départ dans ma voiture personnelle. Comme les autres, j'avais insisté.

CHAMPAGNE, PERFUSION ET BAC À LÉGUMES...

« Richard, je te connais. Ne fais rien, laisse faire, tu ne peux pas être battu. » Car avec lui, si impulsif et tellement impatient comme il est, mieux valait donner dans le bourrage de crâne. Peine perdue ! À mi-course se dégage une échappée de neuf coureurs, dont Hervé et Brochard, qui ne sont pas les plus mauvais dans ces coups-là. Du velours. Mais qui commence à rouler derrière ? Mon bon Richard ! Et le peloton qui revient avec lui sur les hommes de tête, et Jalabert qui contre immédiatement, avec Leblanc et quelques autres. Richard, lui, était pendu ! Panique à bord. Et pas de Festina devant ! Bruno Roussel était fou. Il a fait rouler ses gars et Virenque, Hervé et quelques autres ont pu revenir peu à peu sur la tête de la course. Mais ils y avaient laissé beaucoup de forces. Le mal était fait. Adieu le maillot tricolore.

Je vous laisse imaginer l'ambiance en revenant à l'hôtel. Mais bon, il fallait passer sur cette déception et penser au Tour. Avant leur retour chez eux, j'avais remis à chaque coureur un bidon un peu particulier : au fond, deux ampoules d'EPO de 2000 unités chacune et deux petits tubes de poudre pour faire le mélange, le tout recouvert de glaçons jusqu'au goulot. Et le dimanche soir, je suis reparti avec ma famille, Sylvie au volant de notre voiture personnelle et moi avec un break Festina. Oui, je sais, sans permis...

Le lundi matin, j'ai reçu un coup de fil du docteur Rijckaert. Il m'a demandé de passer chez lui, à Gand, le lendemain, pour prendre dix cartons de perfusions. En France, ces perfusions d'un litre sont en verre. Ce n'est ni commode à déplacer, ni commode à faire disparaître. Mieux vaut des perfusions en plastique. Le mardi, à 8 heures du matin, j'ai donc pris la route.

Je n'étais pas seul bien sûr. Derrière mon siège, j'avais calé deux sacs isothermes, un rouge et un bleu. Ils contenaient deux cent trente-quatre doses d'EPO, quatre-vingts flacons d'hormones de croissance, cent soixante capsules d'hormones mâles, de la testostérones et soixante gélules d'Asaflow, un produit à base d'aspirine qui fluidifie le sang. Toute cette pharmacie était stockée chez moi, dans le bac à légumes de mon réfrigérateur, depuis un mois déjà. Ce qui n'allait pas sans heurts avec ma femme d'ailleurs. Pas parce qu'elle ne savait plus où ranger ses carottes, mais parce qu'elle se doutait bien que ces produits n'étaient pas anodins.

Quelques semaines plus tôt, le 1er juin, nous nous étions donné rendez-vous sur le parking du Buffalo Grill, près de l'aéroport de Bordeaux-

Mérignac, vers 19 heures. Avec nos téléphones portables, nous pouvions fixer le rendez-vous tout en roulant. J'avais loué une voiture, une 306 bleue métallisée, afin de passer inaperçu. Un véhicule Festina se repère à dix kilomètres ! Carine, ma fille aînée, était au volant car je préférais quand même ne pas trop jouer avec le feu ! Je venais récupérer les produits miracle. Carine n'en savait rien. Le voyage s'effectuait deux fois par an, en février et en juin.

Nous attendions Joël Chabiron, le manager de l'équipe, qui arrivait du Portugal, la voiture « chargée ». Comme il était en retard, nous sommes allés dîner. Il est enfin arrivé au volant de sa Mercedes, accompagné d'un couple que je ne connaissais que de vue. Le temps était exécrable ! Sous des trombes d'eau, nous nous sommes garés pare-chocs arrière contre pare-chocs arrière. Chabiron avait rangé les produits au fond de son coffre, dans un grand sac de sport recouvert de vêtements. Il a fallu tout vider avant de sortir le sac et de transférer les produits congelés dans mes deux sacs isothermes. Une rapide poignée de mains et nous nous sommes séparés. Pour nous, direction le bac à légumes...

Sur la route de Gand, j'ai fait une première escale à Meyzieu, où était installé le service-course de l'équipe. Je me suis assuré que rien ne manquait dans le camion-atelier qui devait partir pour l'Irlande, où avait lieu le départ du Tour de France le samedi suivant. J'y ai aussi laissé ma valise, ne gardant avec moi qu'un sac à dos noir, rempli du nécessaire d'un jour, et ma mallette. En compagnie de Laurent Gros, j'ai ensuite rallié Évry, dans la grande banlieue de Paris, avec un break Festina, pour récupérer une voiture officielle dans le garage de la société du Tour de France. Puis j'ai poursuivi mon voyage et je suis arrivé au domicile de Rijckaert, à Zomergem, en début de soirée.

Eric m'a proposé de dîner avec lui mais j'avais prévu de voir un bon copain à Bruxelles. Je suis donc reparti, le coffre plein. Le lendemain, à Calais, je devais embarquer à 10 heures pour Dublin via l'Angleterre. Simple comme bonjour.

II

« *Vous n'avez rien à déclarer ?* »

Le mercredi, j'étais debout à 5 h 30. Une toilette rapide et, à 6 heures tapantes, je me suis installé au volant, pas rasé. Comme la nuit avait été courte, je m'étais mis une « lichette » pour tenir le coup. Une injection de « pot belge ». Dans un tout petit flacon, dix, quinze ou parfois vingt millilitres d'un liquide transparent que l'on aspirait en piquant avec une seringue à travers le bouchon en caoutchouc. À l'époque, je n'en connaissais pas la composition exacte. Je savais seulement que cette fiole contenait des amphétamines, ce qui me suffisait. Ce n'est que deux mois plus tard qu'un journaliste de France 2 m'a appris la nature exacte du cocktail. Par ordre alphabétique : amphétamines, antalgiques, caféine, cocaïne, héroïne, et parfois des corticoïdes. De quoi tondre la pelouse toute la nuit.

Il n'y a pas plus de trois heures de route entre Bruxelles et Calais et j'étais donc largement dans les temps. Deux possibilités s'offraient à moi : passer par Valenciennes et prendre la bifurcation qui mène à Calais. Ou retourner vers Gand et Courtrai par l'E17, direction Rijsel, Lille en flamand. Je ne sais toujours pas pourquoi mais j'ai opté pour la seconde solution. À l'approche du poste frontière, et je ne sais pas non plus pourquoi, j'ai décidé de bifurquer à droite. La veille, Rijckaert m'avait demandé d'être vigilant et c'est peut-être la raison qui m'a poussé à quitter l'autoroute au dernier moment. J'ai appris plus tard que la route étroite que j'avais empruntée était celle des petits trafiquants.

Il était environ 6 h 45. Je m'engageais tranquillement sur cette route française quand, cent mètres plus loin, j'ai vu un homme seul. En m'approchant, j'ai compris que c'était un douanier. Mon cœur a commencé à battre la chamade. Il était trop tard pour rebrousser chemin. Lorsque je suis arrivé à sa hauteur, le douanier m'a fait signe de me garer sur le côté de la route. J'ai obtempéré. La première fois, en trente ans de route, que je me faisais contrôler ! C'était bien ma veine. Une fois arrêté, j'ai aperçu une camionnette blanche à travers les buissons.

Ensuite, tout s'est passé très vite. Quatre douaniers sont sortis du minibus et ont entouré mon véhicule.

À la vérité, si j'avais la trouille, ce n'était pas pour tout ce que je transportais derrière mon siège. Non, à ce moment précis, je ne pensais qu'au pot belge. Pas seulement au petit pot que j'avais utilisé mais à l'autre, qui était destiné à Laurent Dufaux. Trois mois plus tôt, sur l'aire d'arrivée de la Flèche wallonne, j'avais rencontré Serge, un ancien professionnel, qui portait une accréditation autour du cou. En attendant les coureurs, qui étaient encore à plus d'une heure du final, nous parlions de la pluie et du beau temps quand il m'avait proposé le marché suivant : deux pots belges contre un maillot et deux cuissards Festina, un long et un court. J'avais finalement fait affaire avec lui à l'écart, devant la maison d'un particulier où les coureurs allaient bientôt se changer. J'avais dû piocher dans le sac des coureurs. Ce n'est qu'au retour à l'hôtel que j'avais remplacé les pièces manquantes en puisant dans le camion.

Un des deux pots belges était pour moi. Lorsqu'on parcourt cent trente mille kilomètres par an, il faut garder les yeux ouverts. Les coureurs se dopent mais nous aussi ! Je préférais prendre dix milligrammes d'amphétamines plutôt que de percuter un platane. L'autre était réservé à Dufaux. À Noël, pour ma fille Charlotte, j'avais acheté à Laurent un chiot Yorkshire d'une valeur de quatre mille francs, dont je n'avais payé que trois mille. Dufaux m'avait dit que si je lui trouvais un pot belge, il me ferait grâce du reste. La proposition de Serge tombait à pic... Il faut savoir qu'un pot belge standard contient quinze millilitres, soit, selon l'usage qu'on en fait, quinze injections d'un millilitre. C'est pour cette raison que, dans les chambrées, les coureurs chantent à tue-tête « le million, le million ! », en parodiant Philippe Risoli et son émission du Millionnaire ! Ou bien encore « le millionnaire du dimanche » d'Enrico Macias. On peut tenir une saison avec un seul pot. C'est le jackpot toute une année !

Voilà pourquoi, trois mois plus tard, je me retrouvais avec ces deux pots belges enfouis dans mon sac à dos, posé sur le siège passager. Dont un entamé, le mien. Je ne pensais même pas à l'EPO. J'ai attrapé les deux flacons et j'ai à peine eu le temps d'en ranger un dans la poche droite de mon pantalon. L'autre, je l'avais encore à la main lorsqu'un douanier s'est présenté à la portière et m'a demandé si j'avais quelque chose à déclarer. Quelle blague ! J'ai répondu : « Oh ! pas vraiment, juste des vitamines pour les coureurs. » Il ne m'a même pas demandé mes papiers. Juste d'aller ouvrir le coffre. J'espérais pouvoir glisser les pots belges dans un sac isotherme. Mais impossible d'échapper à leurs regards. Alors, une fois descendu, je n'ai fait ni une ni une, ni deux. En soulevant le coffre, j'ai jeté le pot belge que je tenais dans les hautes herbes. L'autre était toujours au fond de ma poche.

Pour manifester ma coopération, j'ai déplacé un carton de perfusions mais un des douaniers m'a fait signe que ce n'était pas la peine. J'ai pensé que tout irait bien, que je n'avais aucune raison de m'alarmer. Pendant ce temps, ses collègues avaient découvert les deux sacs isothermes placés derrière le siège conducteur. Ils les ont ouverts, ont sorti les Tupperwares recouverts de bouteilles d'eau congelée et m'ont demandé ce qu'ils contenaient.

– Ben, je ne sais pas. Des produits de récupération, je crois.

– Bien, si vous ne savez pas, on vous emmène au bureau.

Le lieu-dit de l'arrestation, je l'ai su plus tard, s'appelle le Dronckaert. L'ivrogne en flamand. Moi qui bois du vin si rarement... Avec un douanier assis à mon bord, j'ai suivi le minibus jusqu'au poste de douane, à un kilomètre environ. J'étais tendu comme une arbalète et mon passager essayait de me décontracter. Il me parlait du Tour qui arrivait, de la forme de Virenque... J'entendais à peine ce qu'il me racontait. Je me disais : « Tu es mort mon Willy. Kaput, fini, rideau. » Je pensais au pot belge au fond de ma poche, aux sacs isothermes qui se trouvaient maintenant devant moi, dans cette fourgonnette. Plus possible de les rattraper. Et moi, couillon, pris à la frontière avec des stupéfiants. La catastrophe. J'étais encore loin d'imaginer la suite.

Le portail s'est ouvert automatiquement sur un grand bâtiment de briques rouges. La camionnette s'est garée devant alors que mon passager me faisait signe de continuer tout droit. Lorsque j'ai vu dans le rétroviseur que le portail se refermait sur moi, ma respiration s'est faite plus difficile.

Une fois arrêté, j'ai voulu prendre mon sac à dos mais le douanier m'en a empêché.

– Vous ne touchez à rien.

Je l'ai suivi pendant que ses collègues s'occupaient de ma voiture. Et ils en ont pris soin ! Tout y est passé. De l'habillage des portières au lave-glace, du molleton sous le capot aux enjoliveurs... tout. En longeant les fenêtres du bâtiment où l'on m'avait fait rentrer, je n'ai rien perdu du spectacle. Puis on m'a introduit dans un bureau.

Un des trois douaniers présents dans la pièce a commencé à vider le contenu des sacs isothermes sur une table. J'avais tellement soif que j'ai demandé si je pouvais prendre une des bouteilles d'eau congelée, d'un litre et demi. J'en ai sifflé plus de la moitié d'un trait. Méthodiquement, ils ont commencé à ranger les ampoules sur la table, les alignant comme des soldats de plomb. Je voyais l'heure qui tournait. Et l'embarquement prévu à 10 heures à Calais. Et ce pot belge dans ma poche...

– Excusez-moi mais ça va prendre longtemps ? Parce que j'ai un bateau à prendre.

– Le bateau, il va falloir l'oublier.

L'inventaire des produits s'est poursuivi. Comme l'un des douaniers enregistrait une ampoule d'EPO et un tube de poudre comme deux doses, j'ai essayé de lui expliquer que les deux n'en faisaient qu'une, mais il n'a rien voulu savoir. Et il a continué de compter les tubes de poudre... Les doses d'EPO recouvertes d'une capsule rouge étaient alignées sur une rangée, les ampoules d'hormones de croissance et leurs couvercles bleus sur une autre, parallèle. Tous les flacons étaient barrés par une large étiquette rédigée en espagnol ou en portugais. À côté, une ligne composée d'« œufs de Pâques », comme on appelait les billes marron de testostérone. Les coureurs savaient à quoi s'en tenir lorsque je passais dans les chambres en proposant ces œufs de Pâques. Absorbée par voie orale, la testostérone était indécelable alors qu'un contrôle positif était toujours possible lors d'une injection intramusculaire.

Tout en poursuivant leur travail, les douaniers m'ont posé des questions auxquelles j'ai invariablement fait la même réponse : « Je ne sais pas. » À la fin, comme je restais sur mes positions, l'un d'eux m'a annoncé qu'ils allaient faire analyser les produits saisis dans un laboratoire lillois. Puis, après avoir vidé sans ménagement mon sac à dos et ma mallette, ils m'ont conduit dans un autre bureau, plus spacieux, où était assis un de leurs collègues, plus âgé et à l'air tranquille. J'ai appris qu'il était à quelques jours de la retraite. Il m'a proposé un journal, m'a parlé de la Coupe du monde de football, qui battait son plein, m'a même offert une tasse de café. Jusqu'alors, je n'avais eu affaire qu'à des fonctionnaires plutôt froids et distants, qui me prenaient sans doute pour un dealer. Mais lui m'a un peu réchauffé le cœur. Je me suis laissé aller.

— Ah ! si j'avais su, je serais passé par l'autre frontière. À l'heure qu'il est, je ne serais pas loin de Calais.

— Si on ne t'avait pas coincé là, on t'aurait chopé à Calais.

J'ai essayé d'en savoir plus mais il est resté dans le vague. Je le sentais embarrassé, comme s'il en avait trop dit. Il a continué à parler de choses et d'autres. Le bonhomme était gentil. Trop gentil même. J'avais envie de silence. Je me plongeais dans un journal, plus pour m'isoler que pour lire. Et puis il y avait cette odeur de bureau, cette odeur caractéristique d'un endroit où la vie s'écoule au ralenti...

Un autre douanier, un Antillais, s'est présenté à la porte du bureau et s'est adressé à moi :

— Monsieur, vu que l'affaire est importante, il va falloir procéder à une fouille corporelle.

Je suis resté interdit. Avec ce que j'avais dans ma poche, j'étais cuit. Cependant, l'Antillais est reparti quelques instants et, tandis que le vieux douanier était affairé devant la cafetière, j'en ai profité pour glisser le flacon dans mon slip.

Je n'avais jamais vécu ce genre de situation. Je pensais encore pouvoir me sortir d'affaire.

Quand l'Antillais est revenu, j'ai dû m'exécuter. Comme nous étions début juillet, j'étais vêtu légèrement. J'ai d'abord enlevé ma chemise blanche à manches courtes, une chemise Festina que le douanier a tâtée attentivement.

– Les chaussures.

J'ai enlevé mes chaussures, qu'il a examinées soigneusement, essayant même de dévisser les talons.

– Le pantalon.

Il l'a pris, l'a retourné, en a vidé les poches.

– Les chaussettes.

Je lui ai présenté ma paire de socquettes du bout des doigts.

– Le slip, maintenant.

Je ne pensais pas qu'il le demanderait. J'ai tardé un peu.

– Le slip, s'il vous plaît.

J'ai voulu gagner du temps, je me suis gratouillé le nez, la nuque, j'ai reniflé mais, pour finir, il a bien fallu que j'enlève mon slip, lentement, jambes serrées et tendues, pour que le pot belge reste coincé sous mes testicules. Quel strip-tease ! Je lui ai enfin remis le slip.

– Ouvrez les jambes. Allez, ouvrez les jambes !

J'étais arrivé au bout du chemin. Bing ! Le pot est tombé par terre. Et moi avec. À l'heure qu'il était, le bateau quittait Calais sans moi.

J'ai cru que l'Antillais allait devenir fou. Aidé de ses collègues, il m'a assis illico sur une chaise et m'a menotté le poignet gauche à un crochet dans le mur. Un médecin, en jean et chemise, est arrivé. Il a enfilé un gant de chirurgien et m'a glissé un doigt dans l'anus.

– On va vous emmener à l'hôpital pour une radio.

J'ai eu l'impression de recevoir un coup de massue sur la tête. J'avais soudain cessé d'être un soigneur pour devenir un trafiquant. On me prenait pour un autre. Qu'avais-je donc fait pour être ainsi traité ?

Je me suis rhabillé et on m'a conduit à l'hôpital. En passant, j'ai aperçu ma voiture désossée, qu'on prenait en photo. Elle avait trinqué, elle aussi. Après l'échographie, qui n'avait évidemment rien donné, on m'a ramené au bureau des douanes. Je ne serais pas fixé sur mon sort avant le résultat des analyses. J'ai attendu des heures, à nouveau menotté, tandis que, non loin de moi, ils parlaient de leur potager ou du programme télé. Cinq mètres nous séparaient, eux dans leur quotidien, moi plongé en enfer.

Au cours de l'après-midi, un douanier en civil, jeune, très costaud, a fait irruption. Il a d'abord commencé par m'insulter.

– Ça devient une affaire d'État, vous allez payer grave, on va torpiller Festina.

Il voulait sans doute m'intimider, me faire craquer. J'avais le moral à zéro. Moins je répondais et plus il s'énervait. Il me faisait vraiment peur. C'est lui qui a recueilli ma première déposition. Je ne comprenais pas que l'origine des produits était si importante. Je les avais pris dans mon bac à légumes mais, depuis, j'avais passé une frontière. Pour eux, j'étais donc catalogué comme trafiquant. Ils ne croyaient pas une seconde à mon histoire. Et ce jeune douanier qui me regardait d'un air méprisant et méchant à la fois. Et qui tapait sur la table ! Je pensais que son prochain coup de poing serait pour moi. En fait, c'était sa façon de procéder. Rien de bien exceptionnel. Encore fallait-il le savoir. Dans toute cette affaire, c'est le seul type qui m'ait vraiment dégoûté. Les autres n'ont fait que leur boulot.

Après l'interrogatoire, vers 17 heures, je me suis retrouvé dans le bureau du vieux douanier. À nouveau, il m'a fait un café, m'a tendu un sandwich. Je n'avais pas mangé depuis la veille au soir mais, pourtant, l'appétit n'allait pas fort. J'ai demandé à téléphoner à ma femme mais on m'a envoyé sur les roses.

– Mais je prends mon portable. Amenez-le moi, il est dans la voiture.

– Vous rigolez ?

Toujours menotté, jamais seul, je suis resté assis sur une chaise. Les résultats des analyses sont arrivés vers 20 heures : EPO, hormones de croissance, testostérone.

– Ah bon ? C'est possible. Je n'en sais rien. Je vous fais confiance.

D'un bureau voisin, ils ont appelé la police. Celui qui semblait être le chef s'est approché.

– À 22 heures, on vous emmènera au « central » de Lille.

Deux des douaniers qui m'avaient arrêté au petit matin étaient encore avec moi. Une longue journée dont j'étais responsable. Ils m'ont alors conduit jusqu'à leurs quartiers de repos, situés dans un bâtiment voisin. C'était le soir de France-Croatie. Une demi-finale de Coupe du monde, un événement à ne manquer sous aucun prétexte. Zidane et les joueurs de l'équipe de France ont contribué à détendre l'atmosphère. Nous nous sommes installés devant la télévision. Avant le coup d'envoi, les trois douaniers présents m'ont interrogé sur le cyclisme. Est-ce que tous les coureurs étaient tous chargés, est-ce que les footballeurs l'étaient aussi. Enfin des questions de tous les jours, et pour couronner le tout, les deux buts de Thuram ! Pendant le match, l'un d'eux m'a même proposé à manger.

– Une barquette de frites, ça te dit ?

Et comment que ça me disait !

– Avec une louche de mayonnaise ?

J'aurais même accepté du piment tellement j'étais affamé.

– Saucisse ou jambon ?

Je revivais. Plus de menottes. L'odeur du café, des frites. Comme un peu de Brabant reconstitué autour de moi. J'ai pris saucisse. Malheureusement, à 21 h 45, il a fallu se préparer. Un dernier coup d'œil sur la télé et les deux douaniers m'ont conduit au « central », le siège du SRPJ de Lille.

Ils m'ont remis les bracelets en sortant de la camionnette. Le règlement. Ils m'ont laissé quelque temps sur un banc, menotté au mur, dans un couloir sans fin. Sur un côté, une longue rangée de cellules. Sale perspective. Devant les barreaux, une plaque de Plexiglas qui tentait de cacher la misère. Mais pas les voix. Ça gueulait de partout. Des insultes, des grossièretés dont je ne comprenais pas la moitié. Tout à coup, un homme menotté, traîné par deux flics, a surgi en hurlant au fond du couloir. Il remuait tellement que les policiers l'ont poussé à terre. Il s'est alors mis à leur donner des coups de pied mais la riposte a été sévère. Un autre flic est arrivé, pour un véritable passage à tabac. Tout cela pour en arriver finalement au même résultat : croupir dans une geôle.

Lorsque je me suis retrouvé à l'étage, dans un bureau, face à l'officier de garde qui prenait le relais, je ne pensais qu'à me tenir à carreaux. Une formalité, puis une autre. J'ai dû lui confirmer mon nom, mon prénom, mon âge, ma taille, mon lieu de résidence, mon état de santé, le nom de ma mère... Je me demandais vraiment ce que « Mama », décédée vingt-cinq ans plus tôt, venait faire là-dedans. Enfin...

– Deux policiers du SRPJ viendront vous chercher demain matin à 8 heures. En attendant, on va vous placer dans une cellule.

Je suis redescendu, on m'a demandé d'enlever ma ceinture, mes lacets et même mes lunettes avant de me faire entrer dans la cellule où se tassaient déjà trois hommes et une femme, absolument cradingues. Une puanteur innommable. Vomi, alcool, urine, pétard et merde mêlés. Il fallait que je tienne une nuit dans ce bourbier. Que je retienne mes larmes aussi. Je me suis recroquevillé au bout d'un banc, les genoux dans les bras, le dos collé au mur. Et j'ai fermé les yeux. De temps en temps, j'entendais mes compagnons de cellule meugler, demander à sortir pour se rendre aux toilettes, attendre et pisser dans un coin. Mes paupières étaient baissées mais je n'ai pas fermé l'œil de la nuit. La plus effroyable de ma vie.

III

237, au fond à gauche

Le lendemain matin, j'étais soulagé de les voir arriver avec une demi-heure d'avance. Ils étaient deux, l'un portant fine moustache et lunettes, l'autre très corpulent. Jean-Marie et Robert. Ils m'attendaient dans le hall où je récupérais mon sac à dos. Le règlement aurait voulu qu'ils me menottent avant de m'embarquer dans la 405 grise fonctionnaire qui attendait dans la cour.

– Bon, tu ne vas pas te débiner, hein ?

Robert s'assura seulement du verrouillage des portes arrières avant de démarrer. À peine sorti du « central », il sortit son paquet de cigarettes.

– T'en veux une ?

Je ne fumais à l'époque qu'une dizaine de cigarettes par jour mais plus rien depuis le mardi soir. Cette clope, c'était le souffle de la liberté !

C'était l'heure de pointe. Robert s'impatientait.

– Sors la gamelle, Jean-Marie.

Jean-Marie a farfouillé sous son siège, baissé sa vitre et collé le gyrophare sur le toit. Tous les automobilistes nous ont cédé le passage, jusqu'à un petit portail ordinaire ressemblant à une porte de garage, que Jean-Marie a ouvert à l'aide d'une télécommande. Nous étions dans un immense parking.

– Prends ton sac et suis-nous.

À la porte de l'ascenseur, nous avons croisé le « patron », qui savait qui j'étais. Puis nous sommes montés jusqu'au bureau que partageaient Jean-Marie et Robert.

– D'abord, on va se faire un bon petit café. Ça te dit, Willy ?

Robert a continué.

– Et moi, je vais aller chercher les croissants. Croissant ou pain au chocolat, Willy ?

Café et viennoiserie, je croyais rêver. Après le petit déjeuner, ils se sont installés devant leur ordinateur. Ils avaient avec eux mes déclarations, mon sac à dos, ma mallette et les deux sacs isothermes, qui n'étaient toujours pas sous scellés. Et ils ont commencé à m'interroger en s'appuyant sur mes dépositions. Histoire de vérifier. Le ton était cordial mais Jean-Marie a brutalement mis fin au doux ronron.

– Tu ne nous prends quand même pas pour des cons ?

– ...

– Vous maintenez vos déclarations ?

Cette fois, il me vouvoyait.

– Ouais.

Ils sont alors passés à un autre type d'interrogatoire, reposant sans cesse les mêmes questions sous des formes diverses, d'un ton de plus en plus cassant. Je me sentais rapetisser. Pour tenter d'échapper à ce déferlement, j'ai demandé à téléphoner à Sylvie.

– Tant que vous ne coopérerez pas, ce ne sera pas possible. Et puis on ne sait jamais, vous pourriez utiliser un langage codé.

Jean-Marie est sorti. Robert a attendu un moment avant de continuer.

– Écoute Willy, tu ne crois pas que ce serait mieux de dire la vérité ? Nous, OK, on prend tes déclarations. Mais toi, tu vas tout prendre dans la gueule. Qu'est-ce qui te fait peur ? Dis-le moi. Je ne prends pas de notes, c'est entre nous.

Le tutoiement était de retour.

– Il y a quelques semaines, nous faisions un stage en Corrèze pour reconnaître le contre-la-montre du Tour. Nous avons été invités pour l'occasion dans un superbe château. Tu sais qui était là pour nous recevoir ? Bernadette Chirac. Il y avait Virenque, Brochard, des personnalités importantes. C'est ça qui me fait peur, tu sais.

C'est autre chose que Willy Voet. Tu comprends ?

— Attends, Willy. Tu sais quelle paire de fesses s'est posée sur cette chaise, la tienne, il y a quelques mois ? Celle de Bernard Tapie. Et on l'a coincé. Alors, ce n'est pas ton Virenque ou ton Brochard qui nous impressionnent. À toi de réfléchir maintenant. Si tu veux prendre cinq ans, c'est ton problème. Nous, on enregistre ta déposition et basta. Pense à ta femme, à tes gosses. Parce que ce ne sont pas ceux que tu protèges qui s'en occuperont par la suite, crois-moi.

Jean-Marie est revenu. Après une brève discussion, ils ont accepté que je téléphone à Sylvie. C'est Jean-Marie qui a composé le numéro.

— Bonjour madame. Le SRPJ de Lille, à l'appareil. Votre mari est avec nous. Il s'agit d'une affaire dont on ne peut encore rien vous dévoiler, pour sa sécurité comme pour l'enquête. Je vous le passe mais ne lui posez aucune question. Il va vous parler juste pour vous signifier qu'il va bien. Mais pas une seule question, on est d'accord ?

La première phrase de ma femme a bien sûr été une question !

— Mais qu'est-ce qui t'arrive ?

— Rien, rien, ne t'inquiète pas. Ne pose pas de question. Je vais bien. Est-ce que les enfants vont bien ? Toi aussi ?

Sylvie a alors posé, très naturellement, une autre question, qui lui semblait innocente.

– Est-ce que Bruno Roussel est au courant ?

Ça a fait tilt. Elle pensait employeur à avertir, eux suspectaient trafic en cours.

– Madame, je vous ai demandé de ne pas poser de question. Je suis désolé, mais nous devons arrêter sur-le-champ la conversation. Voilà. Au revoir, madame.

L'heure du déjeuner approchait. On m'a installé dans une cellule toute proche, un sandwich entre les mains. En refermant, Robert m'a seulement soufflé :

– Réfléchis bien, Willy. On revient vers 14 heures. Réfléchis bien.

À leur retour, ils ont remis ça.

– Alors, cette fameuse question ? Pourquoi votre femme vous a-t-elle demandé si Bruno Roussel était au courant ?

Inutile de résister plus longtemps. Lambeau par lambeau, ils m'auraient de toute façon arraché la vérité. J'ai eu une pensée pour Sylvie, Charlotte et Mathieu, et je suis passé progressivement aux aveux. J'ai commencé à reconnaître le rôle de Bruno Roussel, celui du docteur Eric Rijckaert mais j'essayais encore de protéger d'autres intervenants, comme Joël Chabiron par exemple. Comment étais-je entré en possession des produits ?

– Ils étaient acheminés d'Espagne par le camion de la course. Les médecins nous demandaient seulement d'effectuer le transport. Ce sont eux qui passaient commande, enfin je crois, je ne sais pas trop...

Je disais n'importe quoi, je m'embourbais un peu plus à chacune de leur relance. Dérisoire tentative. Leurs recoupements me piégeaient. J'étais coincé. Après avoir tapé ma nouvelle (et incomplète) déposition, ils ont voulu prendre congé.

– On va vous ramener au « central » pour la nuit. Demain, on continuera un petit peu et vous passerez devant le juge d'instruction.

Non, pas le « central ». À la seule idée d'y retourner, j'ai été pris de nausée. Je leur ai demandé une faveur : partout, mais pas là-bas, s'il vous plaît. Ils ont renâclé un moment avant de téléphoner à un petit commissariat de banlieue. Ouf, il y avait de la place. Là-bas, c'était propre. Presque luxueux par comparaison. Trois cellules et un seul détenu, moi. Le gendarme de permanence m'a tendu deux couvertures car j'avais froid. Il m'a même autorisé à garder mes lunettes. À même la planche, j'ai pu dormir. Enfin.

Vendredi 10 juillet, 7 h 30. On prend les mêmes et on recommence. Jean-Marie, Robert, la « gamelle », le SRPJ. Après un énième interrogatoire, on a relevé mes empreintes digitales. Drôle de moment. Plus humiliant encore, les photos. De face avec une plaque entre les mains, puis de profil. J'étais devenu un criminel. Rien qu'en y pensant, j'ai encore envie de pleurer. Entre-temps, je m'étais entendu signifier que ma garde à vue était prolongée.

Vers 9 heures, nous nous sommes mis en route pour le Palais de justice. La 405 s'est garée près de la « souricière », un accès souterrain situé à l'arrière du bâtiment. J'ai patienté dans une grande cellule au milieu d'une vingtaine de types. Nous pouvions fumer et j'en ai profité. Le matin même, Robert avait eu un geste. « Tiens, cadeau », m'avait-il lancé en me remettant un paquet de cigarettes. Autour de moi, chacun racontait ses malheurs : un homme avait tabassé sa copine pour l'avoir trouvée à califourchon sur un voisin de palier ; un autre avait détourné une cargaison d'électroménager ; un troisième avait piqué un camion de patates pour les revendre en Belgique... Et moi ? Moi, j'avais transporté un autre genre de produits. Sur ces confidences, j'ai quitté mes compagnons d'infortune pour rejoindre le bureau du juge, au dixième étage, en compagnie de mes deux anges gardiens.

— On est sur d'autres affaires. On doit te laisser là. Bonne journée.

Parmi ces « affaires », il y avait celle qui, le lendemain, les emmènerait à mon domicile pour une perquisition en règle. En partant, Robert et Jean-Marie m'ont présenté un avocat de garde, maître Ludovic Baron. Avant d'être reçus par le juge, nous avons parlé quelques minutes.

— J'ai consulté votre dossier. Je vais essayer de vous faire sortir de là.

Encore fallait-il que le juge soit d'accord.

En entrant dans le bureau du juge, je suis resté interdit. Je m'attendais à une pièce pleine de majesté, mais je me trouvais dans un carré minuscule, avec deux bureaux, celui du juge et celui de la greffière.

À côté du juge Keil, regard noir, franc, droit, une femme aux cheveux châtains. L'adjoint du procureur. J'ai refait mon laïus devant eux et elle ne m'a pas épargné.

— Ce cas est honteux. Des gens comme ça, des tricheurs, il faut les mettre en prison.

Le juge est intervenu.

— Je dois vous incarcérer. Pour votre protection tout d'abord et compte tenu de l'importance de cette affaire, qui sera largement médiatisée. Je souhaite que vous n'ayez aucun contact avec l'extérieur pour le moment. On va vous placer au centre de détention de Loos, dans un quartier isolé, celui des mineurs, loin des autres détenus et dans une cellule à part. C'est préférable.

J'étais à la fois désabusé et abattu. Après un rapide conciliabule avec mon avocat, j'ai été conduit au sous-sol, où je me suis retrouvé en compagnie de prisonniers qui purgeaient de lourdes peines. Dans cette grande salle, un véritable capharnaüm, je suis resté sans manger et sans boire jusqu'à 20 heures. Il fallait attendre que tous les détenus soient passés devant leur juge avant de partir vers Loos. Dans le fourgon cellulaire, nous étions quatorze, enfermés dans des cellules individuelles, sept de chaque côté du panier à salade. Nos gardiens nous tenaient par trois ou quatre au moyen de laisses qu'ils avaient passées dans les menottes avant de les verrouiller.

Dans la cour de la prison, le fourgon a franchi trois portails en bois qui s'ouvraient puis se refermaient automatiquement. Parmi les quatorze, nous n'étions que deux nouveaux : un Italien et moi. Il était trop tard pour ma cellule individuelle. Après les formalités d'incarcération et le dépôt de nos affaires personnelles, j'ai dû partager ma première nuit à Loos avec Silvano, l'Italien.

Un ancien drogué d'une trentaine d'années qui n'a pas arrêté de me raconter sa vie. Son frère mort d'une overdose, ses braquages de vieilles personnes « mais sans les frapper », ses peurs, ses conditions de vie... Il ne pouvait pas s'arrêter. On n'imagine pas toute cette détresse quand on vit dans une bulle. Silvano me fichait le bourdon mais impossible de l'envoyer balader. Comme on pouvait fumer et que je n'avais plus de cigarettes sur moi, il m'a proposé une de ses cibiches, avec du tabac à rouler. Quand il a passé sa langue sur le papier, j'ai eu un mouvement de recul. Un ancien drogué... Mais j'en avais tellement envie.

Un trousseau qu'on cogne sur des barres métalliques. À 6 h 30, le réveil a été brutal. J'ai tout d'abord rendu visite au médecin de la prison, qui a rempli une fiche maladie avant de m'ausculter rapidement. Les bras surtout, au cas où je me serais shooté. Moi, je me plaignais plutôt de la tête. Depuis deux jours, je souffrais d'une migraine carabinée, insupportable. Il m'a pris la tension.

— Ça ne m'étonne guère que vous ayez mal à la tête. Vous avez 20 de tension.

Il m'a aussitôt donné des pastilles ovales. Celles que j'avale encore aujourd'hui.

On est venu me chercher à l'infirmerie pour me présenter au psychologue, une femme d'une quarantaine d'années. Elle m'a interrogé sur mes motivations, m'a demandé ce que je ferais après la prison. Comme si je savais ce que j'allais devenir...

La nouvelle de mon incarcération s'était répandue dans toute la prison par l'intermédiaire de la télévision, présente dans chaque cellule. À chaque fois que je croisais des gardiens ou même des détenus, ceux qui poussent les cantines ou lavent les douches, j'entendais prononcer mon prénom, on m'avait « vu à la télé ». Il faut dire que j'étais aisément repérable, avec mon numéro matricule écrit en toutes lettres sur ma chemisette : « Festina ».

Au dépôt, j'ai récupéré deux draps et deux couvertures, deux slips, deux T-shirts, ainsi que des ustensiles de cuisine. Car on vous oblige à retirer ceinture et lacets mais on vous donne un couteau, une fourchette, une cuiller, deux rasoirs jetables ! Le préposé m'a lui aussi reconnu.

– C'est vous, Willy Voet ? Quel bordel ça va être ! Moi, je fais du vélo, j'adore ça.

Un gardien m'a ensuite conduit au deuxième étage, dans l'aile D. Il a ouvert la porte. Je me souviendrai toujours du numéro : 237, l'avant-dernière porte à gauche, au fond du couloir. La cellule, environ huit mètres carrés de ciment, était pleine de poussière. À droite en entrant, les toilettes, fissurées et pas franchement luxueuses, puis le lavabo (eau froide uniquement). Au bout, du même côté, une armoire à étagères mais sans porte. À gauche maintenant, le lit en ferraille, scellé au mur, et son matelas défoncé. Et, comme un mirage, installée en hauteur, une télévision couleur flambant neuve ! Bienvenue.

Enfin, sur le mur du fond, une grande fenêtre rectangulaire à deux battants où le ciel se découpait entre les six barreaux. Pour élargir mon horizon, je devais grimper sur un tuyau de chauffage qui traversait la cellule de part en part. J'avais vue sur la cour où, deux fois par jour, avaient lieu les promenades des détenus, une le matin, l'autre l'après-midi. À droite, derrière les bâtiments, j'entendais des péniches. Enfant, j'habitais près d'un canal et le son familier des moteurs me rendait nostalgique. En prison, le moindre détail vous ramène en arrière et vos pensées semblent réfléchies par un rétroviseur.

Voilà. J'entamais deux semaines de villégiature. Plus dur encore que les menaces du jeune douanier en civil, plus éprouvant que le cauchemar éveillé du « central », il y avait ce cylindre métallique qui coulissait en grinçant dans mon dos, jusqu'au silence définitif, me vrillant les reins, les oreilles, le cœur, jusqu'à l'âme. Cette rouille qui couine, cette peur du vide, puis du plus rien, je ne la souhaite même pas à mon pire ennemi.

J'ai pleuré comme jamais.

IV

I will survive...

J'ignore combien de temps je suis resté prostré. Après avoir nettoyé la casemate (je ne dirai jamais « ma » casemate), puisque le gardien m'avait trouvé quelques produits d'entretien, j'ai pratiquement passé le week-end à dormir. Même le raffut continu des prisonniers qui criaient leur haine, leurs « enculé, cocu, salope », ne m'ont pas gêné.

Il faisait beau ce samedi 11 juillet. Dans la cour, en m'accrochant aux barreaux, je pouvais voir les détenus se balader dans la cour. Certains jouaient au foot, d'autres discutaient. À part, deux pestiférés se tenaient la tête dans les mains. J'ai pensé à ma femme. Difficile de trouver meilleur motif de divorce. À mes enfants. Comment réagissaient-ils ? Et leurs camarades d'école, les voisins, la famille ? La belle-famille plutôt, puisque mes parents n'étaient plus là et que mon seul frère était décédé quand j'avais dix ans.

Pour se changer les idées, rien de tel qu'une bonne toilette. Depuis quatre jours, je ne m'étais ni lavé, ni rasé. Dégoûtant et dégoûté, je marinais dans les mêmes vêtements. Cette eau froide, quel bonheur... Et ce rasage au savon, un vrai délice. Et puis j'ai allumé la télévision. Je n'avais rien d'autre à faire. Penser et pleurer, dormir et cauchemarder, regarder la télé. C'était le jour du prologue du Tour, celui du grand départ, de la fête qui commençait. Sur le podium de Dublin, lors de la présentation des équipes, j'ai même vu défiler les coureurs de Festina. Je leur ai trouvé mauvaise mine. Comme s'ils pressentaient le retour de boomerang.

En entendant le chariot des gamelles, je me suis douté que l'heure du déjeuner était arrivée. Il était 11 h 45. Servi par un détenu, le menu était martial : une louche de haricots blancs sauce tomate, deux saucisses, un yaourt, fruit ou compote. Comme j'étais nouveau, le serveur m'a également remis deux baguettes – « c'est pour deux jours » –, du sucre en poudre et quatre plaquettes de beurre pour le prochain petit déjeuner. Trente secondes d'ouverture sur l'extérieur.

La première visite a été celle de l'aumônier. Je ne suis pas spécialement croyant. Encore moins pratiquant. Pour cela, il faudrait retarder le départ du Tour des Flandres ou de Paris-Roubaix... Pourtant, sa venue m'a réconforté. Il était sympathique et ouvert. Il est resté près d'une heure dans ma cellule. « T'inquiète pas. Le Bon Dieu est avec toi. » Oui, il m'a fait du bien. De l'extérieur, j'aurais trouvé cette situation ridicule mais, dans certaines circonstances, on perd ses repères habituels. Ses mots avaient plus de résonance qu'ailleurs. Et, forcément, je « croyais » un peu plus.

La sous-directrice est à son tour venue aux nouvelles. Elle m'a recommandé de rencontrer l'assistante sociale. En préambule, elle m'a demandé mon pedigree, puis m'a promis de téléphoner à ma femme. Ce qu'elle a fait.

À 19 heures, le dîner était servi. Les restes des haricots blancs avec une variante : du jambon blanc. Compote pour finir. Je n'avais plus qu'à reprendre mes deux activités favorites : zapper et dormir.

Je n'ai jamais voulu quitter la cellule, pas même pour une promenade. Pour moi, une sortie ne pouvait se limiter à une cour de prison. Au lever, mon premier réflexe était d'allumer la télévision. Sur toutes les chaînes, françaises, flamandes, hollandaises, il n'était question que de Festina et de Willy Voet. Je me sentais coupable d'avoir lancé une machine infernale. Mon équipe était partie pour gagner le Tour et tout risquait d'échouer par ma faute. Avant une grande échéance, la moindre contrariété peut ruiner le moral d'un coureur. Et là, en guise de contrariétés, ils étaient servis... Je voyais aussi Jean-Claude Killy, Jean-Marie Leblanc, Bernard Hinault discourir gravement devant des millions de téléspectateurs. Mais pour qui prenait-on le public ? À qui Hinault et Leblanc voulaient-ils faire croire qu'ils tombaient des nues, que le dopage venait d'une autre planète, qu'ils n'étaient au courant de rien ? Comme s'ils ne savaient pas que le dopage est au sport de haut niveau ce que le bâton est à la majorette : l'un va rarement sans l'autre. Sans parler des leçons de morale dispensées par un présentateur de télévision que j'avais vu un jour, et je n'étais pas le seul, se vautrer sur le sofa d'une boîte de nuit, ivre mort et tirant sur un joint.

J'étais atterré par ces déclarations, et les premiers mots de Bruno Roussel ne me rassurèrent pas. « Il faut tirer cette affaire au clair. Je veux être entendu le plus vite possible par la police et qu'on laisse tranquilles mes coureurs. » Allait-il me lâcher, lui qui m'avait juré à plusieurs reprises que si une catastrophe se produisait, il ne laisserait pas tomber ma femme et mes enfants ? Je me raccrochais à ce souvenir mais n'en menais pas large.

I WILL SURVIVE...

Et pendant ce temps, le président de l'Union cycliste internationale, le Hollandais Hein Verbruggen, se baladait à Cuba, où avaient lieu les championnats du monde juniors sur piste, et en Inde...

Je ressentais un besoin irrépressible de parler à quelqu'un. Me soulager. Serge, c'était l'aubaine. Serge était un de mes trois matons. C'était avec lui que je m'entendais le mieux. Pendant son service, il venait me rendre visite deux ou trois fois. On regardait la télévision, ce « PPO » (« point de passage obligé », comme l'on dit sur le Tour) de la prison, on parlait cyclisme. Même avant de repartir chez lui, il passait me saluer.

En ce soir de 12 juillet, heureusement, il n'y avait qu'à regarder. Depuis l'après-midi, j'avais cessé d'être au cœur des conversations. On ne parlait plus que de la finale de la Coupe du monde. J'ai un passeport belge mais, pour vivre en France depuis quinze ans, pour être marié à une Française et avoir des enfants français, je me sens plus français que belge. Pendant une heure et demie, j'ai donc vibré, tremblé, oublié. Quatre-vingt-dix minutes de bonheur. Une trouée de soleil dans un ciel de tempête. À la fin du match, une caméra s'est arrêtée sur le visage en larmes de Trezeguet et j'ai pleuré avec lui. Car j'avais connu cette intensité, ces nerfs qui lâchent, ces corps secoués. Alors que la prison retentissait du bruit des gamelles frappées sur les tuyauteries, j'ai revu Luc Leblanc devenir champion du monde à Agrigente, en 1994 ; Laurent Brochard réussir le même exploit à San Sebastian, trois ans plus tard. Mes yeux mouillés étaient collés au poste, incapables de se détacher de la foule en liesse qui déferlait sur les Champs-Élysées. Et puis j'ai vu les coureurs Festina danser eux aussi dans leur hôtel, chanter « On est les champions ! ». C'était trop fort. J'ai failli sombrer. Heureusement que les rires ont repris le dessus.

Aujourd'hui encore, quand j'entends *I will survive*, le refrain de Gloria Gaynor, je me revois en prison. Comme le 20 janvier 1999, lors du match amical France-Maroc. Dans les tribunes du stade vélodrome de Marseille, avec ma femme et mes enfants, je me suis pincé pour ne pas pleurer. Ils n'auraient pas compris.

Le lundi, tous les journaux télévisés étaient consacrés à l'équipe de France. On parlait à peine de Tom Steels, vainqueur à Dublin, de la gamelle jaune tache d'huile de Chris Boardman et du rush de Jan Svorada à Cork. Bref, on m'oubliait et ça n'était pas pour me déplaire. La presse écrite en revanche ne me lâchait pas. Le directeur de la prison était occupé : le téléphone n'arrêtait pas de sonner. Les journalistes voulaient savoir si j'étais bel et bien dans son établissement.

Moi, je commençais à m'installer dans cette étrange routine, mélange d'ennui, d'emmerdes et de télé.

V

Pilule génération

Je comprends maintenant Neil Armstrong. Je comprends qu'à son retour sur terre, sitôt sa femme embrassée, il ait pris une douche ! Une enivrante, une caressante, une chaude, une interminable douche. La voilà qui pointait le bout de sa pomme en ce jour de 14 juillet. Ce mardi, comme tous les mardis à Loos, c'était le jour des douches, à 9 heures précises. On m'en avait averti la veille et, toute la nuit, je n'avais pensé qu'à ça. J'étais en phase d'atterrissage, quelque part dans la stratosphère. Une semaine, jour pour jour, que je ne m'étais pas décrassé à l'eau chaude, moi qui ai l'habitude de prendre deux douches quotidiennes. Toutes les saletés qui s'étaient accumulées, au-dedans comme au-dehors, ont été emportées avec cette eau savonneuse. Ce quart d'heure de purification m'a ramené très loin en arrière, bien avant ce début juillet de malheur. Au début de tout.

J'ai replongé dans mon enfance. Je suis retourné chez ma grand-mère, à un bon kilomètre de la maison de mes parents, à Hofstade, près de Malines, où les sanitaires se réduisaient à un lavabo. Le samedi, mon frère et moi allions donc nous doucher chez *Meter* pour être propres le dimanche.

Mon père était conducteur de train à la SNCB, l'équivalent belge de la SNCF. Ma mère restait à la maison, où elle rempaillait des chaises, une demi-douzaine par semaine, contre quelques sous. À l'époque, on parlait plutôt football à la maison. Mon père jouait arrière droit, avec un statut de semi-professionnel, au FC Malines. C'était un bon défenseur. Ses primes de matches l'ont aidé à acheter une petite maison en 1951. Ce n'est qu'à la fin de sa carrière de footballeur qu'il s'est mis au vélo, chez les vétérans. J'ai pris la roue à quinze ans au club de Malines, le Dijlespurters, avec un beau maillot blanc barré des couleurs de la Belgique, noir, jaune et rouge, dans le dos. Le sponsor : Pilsor Lamot, une marque de bières, bien entendu.

J'étais un modeste rouleur. Lors de ma plus belle saison, j'ai remporté neuf courses. Une vingtaine au total. À l'époque, je courais avec les juniors belges de ma génération : Eddy Merckx,

Herman Van Springel, Walter Godefroot. Une fois, une seule, j'ai battu Van Springel, à Kappelen opden Bos ! Mais on ne se fréquentait pas vraiment, car ces coureurs traînaient déjà derrière eux une réputation de champions. Merckx gagnait régulièrement une trentaine de courses par an. Il était déjà « le » Merckx.

On ne parlait alors de dopage qu'à mots couverts. Ce n'est qu'en 1962, à dix-huit ans, une fois passé amateur, que j'ai pris mes premières pastilles. Des amphétamines. À ce moment-là, je ne marchais pas trop mal. Une course dominicale avait lieu près de Bruxelles, à Evere, la ville où habitaient mon oncle et ma tante. Nous étions partis à vélo avec Gérard, un bon copain de club. L'échauffement idéal, avec une vingtaine de kilomètres à parcourir pour gagner le départ. Mon père nous suivait sur sa petite mobylette.

En chemin, Gérard m'a chuchoté qu'il s'était procuré de petits comprimés blancs. Il n'a pas voulu me dire d'où ils provenaient mais a insisté : « Tu as de bonnes jambes en ce moment et, en plus, tu cours devant ta famille. Essaie, tu verras. » J'ai rechigné avant de me laisser tenter. La prise était simplissime. Une pastille une demi-heure avant le départ, l'autre à mi-course.

Je suis arrivé au contrôle des signatures après avoir avalé le premier comprimé. Les poils de mes bras étaient dressés comme ceux d'un paillasson et mon corps était parcouru de frissons. La potion agissait déjà. J'étais obligé de respirer à fond. Dès le départ, je suis parti comme une balle. Et je n'étais pas le seul. Je marchais, je marchais tellement que j'en avais presque la trouille ! Pas faim mais alors une sacrée soif tout au long du parcours, un circuit d'environ cent vingt kilomètres. Et j'ai commencé à me prendre pour un cador ! J'étais entouré de Willy In'T Ven, de Julien Stevens, de George Pintens, de Willy Vekemans, des garçons plus âgés que moi, à l'aube d'une carrière professionnelle, pour certains futurs équipiers de Merckx. Tous des costauds. Et c'est moi, le pied-tendre, qui leur disais de rouler ! En me dévisageant, ils avaient immédiatement saisi. Je devais avoir une de ces têtes...

J'ai pété le feu pendant une quinzaine de kilomètres. Nous étions six échappés et je me sentais tellement fort que je n'ai pas pris de coupe-faim ni le comprimé restant. Je craignais de me faire exploser la caisse. Cette euphorie s'est prolongée jusqu'à deux tours de l'arrivée. Et là, soudain, j'ai pris un sacré coup derrière les oreilles. Le trou noir. Plus de son, plus d'image. Si un piéton avait traversé, je lui aurais roulé dessus. Je me suis fait larguer par le groupe de tête mais j'ai réussi, je ne sais comment, à préserver la sixième place. Dans les vestiaires, Gérard m'a passé un savon. « Mais pourquoi n'as-tu rien bouffé en course ? Et pourquoi n'as-tu pas pris l'autre pilule ? » Certes, cette première expérience ne m'avait pas transformé en vainqueur mais je m'étais senti fort comme un bœuf et les amphétamines avaient un goût de revenez-y. La curiosité avait laissé place à l'envie.

Je suis resté amateur jusqu'à vingt-trois ans. Au fil des courses, mon père devenait de plus en plus exigeant. Il aimait cette ambiance, les belles voitures qui débarquaient, les champions qu'ils côtoyaient. Il voulait que je devienne un des leurs. Et moi, j'avais souvent recours aux amphétamines. Pas pour toutes les courses mais fréquemment. Disons une fois sur cinq, quand je devinais que je pouvais au moins faire une bonne place.

Dès ma deuxième année d'amateur, j'ai reçu les soins d'un masseur, un ancien professionnel, Jef Van Kerckoven. C'est lui qui m'a initié à un autre mode de dopage, plus pernicieux. Pas de comprimés avant le départ mais une préparation en amont, sur une huitaine de jours : deux solutions buvables d'hormones mâles qu'il fallait mélanger avant de boire. Les effets duraient deux mois. Ce n'était plus une petite pastille avalée à la sauvette mais de la préméditation.

Bref, je tournicotais et mon père m'y voyait déjà. Il serait allé loin pour que je devienne ce que je n'ai jamais été. Plus loin que moi, en tout cas.

J'avais arrêté l'école à dix-huit ans. Dans la foulée, j'ai pris un petit boulot de pompiste dans un garage de Malines pendant deux ans. Ensuite, il a bien fallu que j'y passe. Quinze mois de service militaire à Siegen, en Allemagne, comme chauffeur du colonel. À mon retour, mon père m'a inscrit à un stage de cyclisme, organisé en Italie par un ancien pro, Desire De Sloove, qui tenait un grand magasin de cycles à Malines. Deux semaines à Desenzano, près du lac de Garde, pour six mille francs français. Je suis parti là-bas avec un copain, Johnny Van Camp, et nous nous sommes retrouvés dans un petit hôtel au milieu de quelques professionnels de l'équipe Solo Superia, celle de Van Looy.

Nous étions quatre par chambre. Johnny et moi partagions la nôtre avec Roger Kint et Julien Verstrepen. Lors des sorties d'entraînement, cent cinquante bornes parfois, nous nous mettions minables et revenions à la dérive. Les autres étaient frais comme des roses. En fait, ils étaient allumés aux amphétamines. Un matin, aux toilettes, j'ai surpris Roger Kint en train de se mettre une lichette dans le bras en sous-cutané. J'avais pigé. En deux semaines de stage, j'avais perdu huit kilos ! Et sur les premières courses qui suivirent en Belgique, j'étais largué d'entrée, complètement vidé.

Pour garder le coup de pédale, mon père m'avait trouvé un travail de porteur de journaux. Chaque matin, à 5 heures, j'emportais sur mon porte-bagages avant deux cents quotidiens, *Le Soir*, *Het Laatste Neuws*, *Het Nieuwsblad*, *Het Volk*, et je quadrillais la région. Mon vélo de boucher devait peser vingt-cinq kilos à lui seul. Si l'on ajoute cinquante kilos de journaux... Cette tournée me prenait toute la matinée. Si bien que l'après-midi, après une bonne sieste, je pouvais aller m'entraîner. Sans ces satanés journaux.

Après deux ans, la fin du portage a coïncidé avec la fin de ma petite carrière amateur. Pendant six mois, mon père ne m'a plus adressé la parole. Je suis alors devenu chauffeur d'autocar, sur la ligne Malines-Vilvoorde-Bruxelles, que j'effectuais quatre fois par jour. J'avais définitivement rangé le vélo au clou. Mon père avec.

Il faut croire que le destin vous rattrape toujours d'une manière ou d'une autre... Je venais de déposer quelques personnes à un arrêt de bus et je redémarrais en klaxonnant. Ils ont pris ça pour eux. Ils, c'était Ward Janssens et Jef de

Schoenmaker, deux professionnels. Des seigneurs à l'époque dans ce pays de vélo. Jef était le fils de notre boucher et j'avais couru des années avec eux.

– Alors, le vélo ne te manque pas ? Viens avec nous dimanche au Grand Prix de Fourmies. On va courir là-bas.

Pourquoi pas ? Je n'avais rien de spécial à faire ce dimanche-là. Le matin, j'ai retrouvé Ward Janssens chez lui. C'était en 1972. Six ans après avoir remisé mon vélo.

C'est en suivant Ward un peu partout que j'ai connu Jean de Gribaldy. Le Vicomte. À l'époque, avec Guillaume Driessens il était le directeur sportif de Magniflex, l'équipe de Ward. Au fil des week-ends, j'ai commencé à épauler le staff de l'équipe. Ward me demandait parfois de le masser et il a vite constaté que j'avais le coup de main.

Fin 1976, je me suis donc inscrit au BLOSO, un institut de sports réputé à Gand, pour une formation accélérée sur dix-huit mois. Au programme, cours d'anatomie, de secourisme et de massage, bien sûr. Mais je ne suis pas devenu Gust Naessens, Maurice Depauw, Guillaume Michiels ou Jef D'Hondt, les sorciers, les maîtres, les demi-dieux de l'époque. Ceux qui faisaient marcher les coureurs. Passer entre leurs mains était à la fois un gage de réussite et de notoriété à la fois. Moi, il m'a fallu patienter huit ans pour apprendre le métier et être reconnu comme un bon soigneur. Pour cela, il faut s'occuper d'un champion. Mais auparavant, j'ai dû travailler à la pige pour une équipe ou pour une autre. Le dimanche, je pouvais être enrôlé aussi bien par Frimatic, l'équipe tenue par De Gribaldy, que par Safir, C.A. ou Reno. J'étais réglé au noir et avec un lance-pierres. Soixante-dix francs par jour de présence, une misère.

J'ai dû attendre 1979 pour signer mon premier contrat officiel, chez Flandria–Ça-va-seul, une équipe dirigée par Jean de Gribaldy, assisté de Briek Schotte, dont les fers de lance étaient Freddy Maertens et Joseph Bruyère. Un contrat de dix mois, il va de soi. À cette époque, seules les amphétamines pouvaient être décelées par les contrôles antidopage instaurés après la mort de Tom Simpson sur les pentes du Mont Ventoux, pendant le Tour de France 1967. En revanche, anabolisants, stéroïdes et corticoïdes étaient courants. Et pas seulement au sein de l'équipe Flandria.

Bien sûr, au début, les coureurs se méfiaient un peu de moi. Ils regardaient de travers le nouveau venu. Il m'a fallu au moins deux saisons pour gagner leur confiance. Mais le premier type qui m'a adoubé était un soigneur. Dans sa chambre, je le voyais sortir méticuleusement tous ces produits de son énorme valise, les placer sur la table comme pour préparer une vitrine. Le trésor des pirates.

C'est lui qui m'a appris le métier, me montrant beaucoup de choses, m'en cachant encore plus. J'étais alors toléré, pas définitivement admis dans ce monde parallèle. Lorsqu'un coureur venait chercher un somnifère dans sa chambre, il tournait la clé de la porte. On entretenait le secret, même si parfois il n'y en avait aucun. Jusqu'au ridicule parfois. Un jour, un autre soigneur a ainsi commis une belle bourde. La mode étant de tout planquer, voire de gommer les étiquettes, il transvasait même ses crèmes de massage dans des bocaux. Le problème, c'est qu'il se trompa de récipient en graissant le fond du cuissard de Walter Planckaert. Au lieu d'utiliser le produit qui évite les frottements, il badigeonna le cuissard de crème chauffante ! Walter doit encore s'en souvenir...

Mon apprentissage était empirique. Il fallait ouvrir les yeux et les oreilles, voler des esquisses de gestes, des bribes de phrases, par-ci par-là. Et reconstituer patiemment un fil rouge. Discuter avec les coureurs était essentiel. Parce qu'ils savaient tout. Quand je pense qu'aujourd'hui encore, après un contrôle positif, ils continuent de jurer sur la tête de leur mère qu'ils ont été dopés à leur insu... Ils savaient et savent toujours ce qu'ils prennent. Peut-être encore mieux que moi ! Car ils connaissent leur organisme, ses réactions, à quel moment intervenir, quel produit prendre et à quel dosage. Être professionnel, c'est l'être à tous les niveaux. Mais, comme ils ont l'habitude de le dire en riant, « je n'ai jamais rien pris, on m'a toujours donné ». À la vérité, il n'y a que le pot belge qui reste un mystère, même pour les coureurs, car les ingrédients peuvent varier. Le pot belge, voilà une belle saloperie. Bien qu'onéreux, c'est l'amphétamine du pauvre. En 1980, ses ancêtres s'appelaient Tonedron ou Pervitin, les fameux « Tonton » et « Tintin », mais, en comparaison, il s'agissait presque de produits « sains ».

Bref, lorsque les rouages sont bien huilés, le soigneur n'est plus qu'un exécutant, qui se contente de préparer des potions savamment dosées. Mais il faut beaucoup de temps pour qu'un tandem coureur-soigneur atteigne son potentiel. Ce n'est pas un hasard si les meilleurs soigneurs s'occupent des meilleurs coureurs. En 1979, j'en avais trois ou quatre en main : Ward Janssens, René Bittinger, Jacques Michaud et Joaquim Agostinho. Pour mes débuts, je ne faisais que les massages. Je ne participais pas encore aux soins. L'évolution s'est faite progressivement. « Ma » première intraveineuse, des produits de récupération, je ne pouvais la faire que sur Janssens. « Faut te faire la main », qu'il me disait. J'étais blanc de trouille.

– Allez, pique. Mais pique ! Regarde, c'est une vraie autoroute.

Je tremblais comme une feuille. Il m'a alors pris par le bras et a guidé ma main. C'est rentré comme dans du beurre.

Je n'avais plus qu'à compléter la panoplie. Amphétamines sous-cutané au bras ou dans le ventre, corticoïdes, stéroïdes et anabolisants, voire testostérone en intramusculaire dans les fesses. Des gestes quotidiens, rien que de très normal après tout. Personne ne pensait fraude, tricherie ou danger. Seules les amphétamines relevaient théoriquement de l'interdit, parce que susceptibles d'être détectées dans les urines. Mais, jusqu'au début des années 80, les contrôles étaient de véritables usines à gaz...

D'ailleurs, pour les courses importantes et pour préparer les échéances que se fixaient individuellement les coureurs, on injectait en plus de la préparation habituelle une ampoule de Decca-Dorabulin 25 ou 50. Une hormone mâle de la famille des anabolisants. Les coureurs, qui se connaissaient par cœur, s'envoyaient un Decca-Dorabulin 25 une semaine avant le départ du Tour et une autre à peu près à la mi-course, avant le début des étapes de montagne. Avantage : les effets s'en prolongeaient pendant un bon mois. Inconvénient : le produit restait longtemps dans les urines.

Pour les classiques, et selon leur calendrier de préparation, les coureurs se mettaient une ampoule de Synacten Retard ou Immédiat, un stimulant des glandes surrénales, qui favorise la production de cortisone. Comme la période des premières classiques dure tout de même un mois et demi, de mi-mars à fin avril, ils échelonnaient graduellement leurs prises tous les trois jours.

Même le recours aux amphétamines était donc fréquent. Les contrôles ne s'installaient que sur les courses importantes : grands Tours, épreuves d'une semaine, classiques et semi-classiques principalement. Pour le reste, aux Grands Prix des Chaudières ou des Croquettes, noms croquignolets qu'on attribuait aux épreuves où tout était permis, les coureurs se chargeaient en toute impunité.

Mais ce n'est pas un Tour de France qui allait arrêter cette escalade. Bien au contraire...

VI

Un tuyau dans l'anus

Personne ne m'avait averti. Pas même Serge, de repos sans doute ce jour-là. Une totale surprise, presque un choc. Le vendredi 17 juillet, soit au septième jour de mon incarcération à Loos, à 13 h 45, un gardien a ouvert ma porte.

– Parloir.

Parloir ? J'ai beau vivre en France depuis quinze ans, il y a des mots comme des situations que je n'appréhende pas très bien. Parloir... Dans le couloir, j'ai compris qu'il s'agissait d'une visite, mais je pensais à mon avocat, maître Ludovic Baron. Pour accéder au parloir, il m'a d'abord fallu me soumettre à une fouille en règle ; puis franchir plusieurs portes, passer devant plusieurs gardiens avant de m'engouffrer dans un long couloir barré d'ouvertures vitrées et numérotées.

– Porte 16.

En entrant, je l'ai vue, assise, un petit sourire

aux lèvres. C'était ma Sylvie. Bon Dieu que j'étais heureux.

Nous sommes restés là, l'un en face de l'autre, à nous regarder et à pleurer. Une table nous séparait, et sous la table un plexiglas, mais nous pouvions nous toucher. Pour parler, c'était autre chose. L'émotion nous avait rendus muets. J'avais tellement imaginé le scénario de nos retrouvailles, et il n'en restait plus rien.

Puis les mots sont revenus, nous sommes passés du coq à l'âne, de l'âne au coq. De Charlotte à Mathieu, nos enfants, mis à l'abri chez Éric Caritoux ; de la perquisition des policiers lillois à l'arrivée d'un autre avocat pour me défendre, Maître Jean-Louis Bessis, vivement recommandé à mon épouse à la suite d'un combat judiciaire difficile qu'il avait réussi contre l'extrême droite quelques années plus tôt et compte tenu de l'ampleur que prenait cette affaire ; de la maison, des coups de fil, de tous les débris de cette météorite qui nous était tombée dessus.

Pour cette toute première fois, Sylvie avait bénéficié de deux temps de visite cumulés, soit une heure et demie. Elle m'apprit que Bruno Roussel lui avait téléphoné d'Irlande, que l'équipe Festina prendrait tout en charge, y compris ma famille en cas d'incarcération prolongée. Mais qu'en tout état de cause, il fallait que j'affirme que les produits que je trimbalais correspondaient à ma consommation personnelle. Cette demande avait finalement augmenté l'inquiétude de ma femme, qui ne savait de mon cas que ce qu'en disait la télévision. D'autant que Bruno lui avait demandé de brûler mes carnets. Mais Sylvie s'en était gardée.

Dix fois, nous nous sommes dit au revoir en entendant les pas du gardien dans le couloir. Dix fois, nous nous sommes pris les mains pour nous rassurer. En regagnant ma cellule, j'ai pensé que le tremblement de terre n'en était qu'à ses débuts, et je me suis souvenu d'un autre séisme.

L'affaire, la grande affaire, avait refroidi les ardeurs. Il fallait pourtant bien qu'elle survienne un jour. Le 16 juillet 1978, au sommet de l'Alpe-d'Huez, le Belge Michel Pollentier, de l'équipe Flandria, venait de prendre le Maillot jaune à Joseph Bruyère en s'adjugeant l'étape devant Hennie Kuiper et Bernard Hinault.

Fier comme un paon, Pollentier s'était dirigé sans appréhension vers la caravane qui abritait le contrôle antidopage. Routine. Tout le monde connaît l'histoire : sous le bras une poire, fixé à la poire un tube qui courait sous la manche longue du maillot, fermé par un petit bouchon au niveau du poignet. Facile. Il s'agissait pour Pollentier d'envoyer vingt centilitres d'une autre urine que la sienne. En revanche, ce que les médias n'ont jamais raconté, et pour cause puisqu'ils l'ont toujours ignoré, c'est que le système avait été saboté. Le tuyau était obstrué. Pollentier a commencé à s'inquiéter, à transpirer et le médecin contrôleur à suspecter la supercherie quand le Belge a refusé catégoriquement de se dévêtir pour se rafraîchir. Le Tour sombrait dans la mascarade.

Déclassé, mis hors course, Pollentier écopa de deux mois fermes de suspension. Mais, plus grave, c'est le cyclisme qui se faisait alpaguer aux yeux du monde.

C'est Fred de Bruyne, à l'époque des faits directeur sportif de Pollentier, qui m'a livré les dessous de l'histoire, un jour que nous évoquions ensemble les multiples manières de déjouer les contrôles.

– Ne jouez pas trop là-dessus, parce que, lorsque ça vous tombe dessus, ça fait mal.

Depuis, personne, à ma connaissance, ne s'était aventuré à réutiliser ce système. Mais l'esprit humain est ingénieux, malin, retors, il n'abandonne jamais. C'est sans doute ce qu'on appelle le progrès. Les exemples d'une telle inventivité sont légion, comme ce « secret d'alcôve » que m'avait confié, il a près de vingt ans, André, un soigneur belge de l'équipe Ijsboerke.

Il fallait se munir d'un tuyau en caoutchouc, flexible et rigide à la fois. À une extrémité, on fixait un petit bouchon, en liège le plus souvent. À l'autre, on accrochait un... préservatif, enfilé sur un tiers du tuyau. Enfin, pour plus de précaution, on collait des poils de moquette, voire des poils tout court, sur la partie qui sortait du préservatif.

Dans le car de l'équipe où le coureur venait se changer avant de passer au contrôle, il ne restait plus qu'à passer à la deuxième étape : se glisser dans l'anus le bout du tuyau muni du préservatif, injecter avec une grosse seringue de l'urine « ordinaire », boucher le tuyau et le coller à la peau, en épousant la forme du périnée, jusqu'au bord des glandes génitales. D'où les poils, pour masquer le tuyau si le médecin contrôleur décidait de se baisser jusqu'au plancher. Le préservatif chargé d'urine se déployait dans l'anus, ce qui présentait aussi l'avantage de tenir le liquide au chaud. Im-pa-ra-ble. Les médecins n'y ont jamais vu que du feu. J'ai usé de ce stratagème pendant trois ans en toute tranquillité.

J'ai fait ma première tentative sur un petit coureur de l'équipe Marc Zeep Central, en 1980. Tout a marché comme sur des roulettes. Le système était fiable, rapide à mettre en place et bien accepté par les coureurs. Un grand chasseur de classiques a pu vérifier cette efficacité après sa victoire dans le Tour des Flandres. Cela dit, il s'adressait à des hommes intrépides. Car il ne faut pas avoir froid aux yeux pour s'avancer vers le médecin contrôleur avec un tel appareillage dans les fesses ! Si les coureurs sont des guerriers, ce sont aussi des comédiens. Depuis la catastrophe Pollentier, les coureurs devaient en principe se présenter pratiquement nus dans la caravane antidopage. Rien sous les bras, rien dans les poches. Il fallait bien trouver une autre cachette...

En dépit du petit nombre d'initiés (des coureurs belges pour l'essentiel), le secret s'éventa peu à peu. J'ai appris que le système était mort de sa belle mort quelques années plus tard. Comme d'habitude, trop content d'avoir déjoué un contrôle antidopage, un coureur ou un soigneur avait dû en parler, sous le sceau de la confidence, à un de ses collègues. Qui avait fait de même. Et ainsi de suite jusqu'au jour où un coureur allemand réputé se fit pincer lors d'une course dans son pays. En toute confidentialité.

Dans la série des outrages à la force médicale (!), on faisait encore plus simple. Beaucoup plus simple. Selon le médecin et son humeur du jour, il était souvent possible de rester en cuissard pour aller pisser, porte ouverte, dans un cabinet. Si le coureur avait glissé une fiole dans le bas de sa tenue de course, le tour était joué. Je devais simplement détourner l'attention du médecin au moment vital. Tout un métier ! Dans le cas contraire, lorsque le coureur était sommé de se déshabiller entièrement, les nerfs étaient mis à rude épreuve mais nous gardions notre calme. Pendant que mon « client » commençait à s'agiter, s'hydratait, prétextant une difficulté passagère pour uriner, je ramassais son cuissard avec la fiole à l'intérieur. L'attente pouvait se prolonger mais, à un moment, je finissais par déposer le petit récipient dans un coin de la caravane, derrière le rideau, dans la cuve de la chasse d'eau des toilettes, sur une étagère, peu importe. Dès que le médecin, exaspéré, se levait ou bougeait, le coureur récupérait discrètement le flacon. Le toubib craquait toujours avant nous. Les médecins, même les plus scrupuleux, n'étaient tout de même pas des douaniers.

Il existait bien d'autres techniques. Comme le plâtre au bras qui planque une capote d'urine. Bien commode lors des courses par étapes. On annonçait à la presse que tel coureur s'était blessé mais que, n'écoutant que son courage, il s'alignerait quand même au départ. Le plâtre ne suscitait donc aucune question et semblait donc tout naturel. Au moment de la pose, on avait pris soin de glisser à l'intérieur un cylindre en fer qu'on retirait une fois le plâtre pris. Il n'y avait plus qu'à insérer dans la place un préservatif contenant une urine vierge de tout produit interdit.

Le machiavélisme conduisit certains coureurs au paroxysme de la douleur. Dans quelques équipes, le médecin, parfois un spécialiste d'urologie, recueillait l'urine des coureurs avant le dopage. Au cas où. Si besoin, il leur enfonçait une seringue dans l'urètre, sur deux centimètres environ, pour injecter l'urine propre. Il fallait serrer les dents. Ils les serraient.

Pour la bonne bouche, un autre tour de passe-passe, que j'ai inventé au début des années 80 et que j'avais baptisé « double face ». Nous l'utilisions en dernier recours. Il suffisait d'un flacon sur lequel on fixait une bande de « double face », cet adhésif recto verso bien connu des bricoleurs et qui sert à coller les moquettes. Je ne retirais le film plastique de l'autre face qu'au dernier moment, peu de temps avant « l'opération », pour éviter le moindre dépôt de poussière. Dans la caravane exiguë, le coureur reculait vers les toilettes en passant devant moi. Ainsi masqué, je lui collais en douce le « double face » dans le dos. Toujours à reculons, le gars

LES CARNETS DE WILLY VOËT (extraits)

Dauphiné 1995.

Tour de France 1995. À droite, à la rubrique « téléphoner »,
le total des doses d'EPO reçues depuis le début de l'année.

Hormones de croissance

EPO

Les chiffres qui figurent dans les cercles sont des récapitulatifs qui servaient à établir la consommation annuelle de chaque coureur.
Richard = Richard Virenque.

Tour de France 1995.

Tour d'Espagne 1995. Les faibles doses s'expliquent par les fournitures parallèles effectuées par l'encadrement espagnol de l'équipe.

Championnat du monde 1995. À droite, les doses utilisées par les coureurs *avant* la compétition. En raison de l'altitude, ils étaient arrivés sans EPO en Colombie. *Z fait 4* : chacun a reçu des hormones de croissance.

Midi-Libre 1996. *2 000* = 2 000 unités. *4 000* = 4 000 unités.

Dauphiné 1996.

Tour de France 1996.

Tour de France 1996.

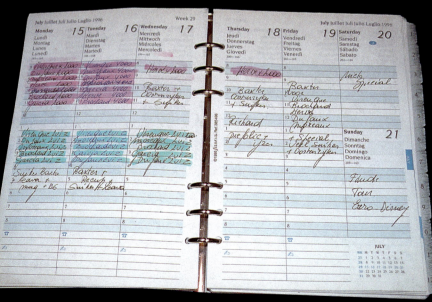

Tour de France 1996.

Tour des Pouilles et préparation Paris-Tours 1996.

Préparation au début de saison 1997. À droite, nombre et origine

Préparation au début de saison 1997.

Tour méditerranéen 1997.

Midi-Libre 1997.

Dauphiné 1997.

Préparation au Tour de France et championnat de France 1997.

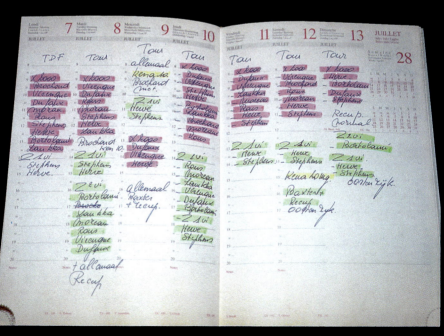

Tour de France 1997. Sont notées également les fournitures

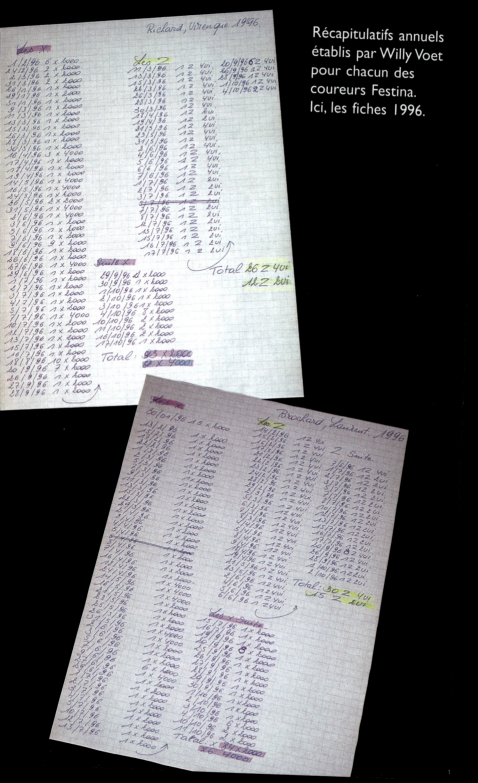

Récapitulatifs annuels établis par Willy Voet pour chacun des coureurs Festina. Ici, les fiches 1996.

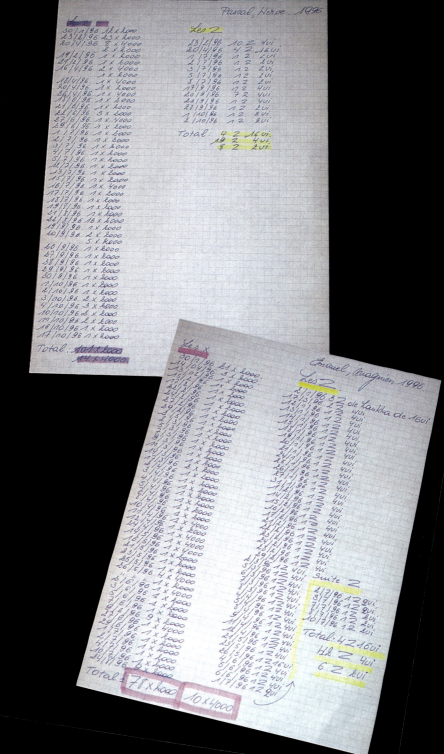

Laurent, Dufaux 1996.

Les X

30/1/96	11	x 2000
19/2/96	8	x 2000
11/3/96	1	x 2000
12/3/96	1	x 2000
13/3/96	1	x 2000
14/3/96	1	x 2000
22/3/96	1	x 2000
24/3/96	1	x 2000
25/3/96	1	x 2000
16/4/96	2	x 2000
14/5/96	1	x 4000
15/5/96	1	x 4000
16/5/96	1	x 4000
20/5/96	1	x 2000
21/5/96	1	x 2000
23/5/96	1	x 2000
25/5/96	2	x 2000
26/5/96	1	x 4000
31/5/96	1	x 4000
1/6/96	1	x 2000
3/6/96	1	x 4000
5/6/96	1	x 2000
7/6/96	1	x 2000
9/6/96	7	x 4000
18/6/96	1	x 2000
20/6/96	1	x 2000
26/6/96	1	x 4000
27/6/96	1	x 2000
28/6/96	1	x 2000
1/7/96	1	x 2000
2/7/96	1	x 2000
3/7/96	1	x 2000
4/7/96	1	x 2000
5/7/96	1	x 2000
8/7/96	1	x 2000
10/7/96	1	x 2000
12/7/96	1	x 2000
13/7/96	1	x 2000
15/7/96	1	x 2000
16/7/96	1	x 4000
18/8/96	1	x 2000

Total : 65 x 2000
8 x 4000

Les Z

19/2/96	4	Z	4vi
21/5/96	1	Z	4vi
23/5/96	1	Z	4vi
4/6/96	1	Z	4vi
5/6/96	1	Z	4vi
6/6/96	1	Z	4vi
7/6/96	1	Z	2vi
1/7/96	1	Z	2vi
2/7/96	1	Z	2vi
8/7/96	1	Z	2vi
9/7/96	1	Z	2vi
12/7/96	1	Z	2vi
13/7/96	1	Z	2vi
15/7/96	1	Z	2vi
16/7/96	1	Z	2vi
17/7/96	1	Z	2vi

Total : 10 Z 4vi
9 Z 2vi

Christoph Quoran 1996

Les X

26/4/96	5	x 4000
21/5/96	1	x 2000
23/5/96	1	x 2000
25/5/96	1	x 2000
26/5/96	2	x 2000
31/5/96	1	x 4000
2/6/96	1	x 4000
3/6/96	1	x 2000
5/6/96	1	x 2000
6/6/96	1	x 2000
29/6/96	1	x 4000
29/6/96	1	x 2000
1/7/96	1	x 2000
2/7/96	1	x 2000
3/7/96	1	x 2000
5/7/96	1	x 2000
5/7/96	1	x 2000
10/7/96	1	x 2000
12/7/96	1	x 2000
13/7/96	1	x 2000
15/7/96	1	x 2000
16/7/96	1	x 4000
22/8/96	2	x 2000
23/8/96	2	x 2000
27/8/96	1	x 2000
29/8/96	1	x 2000
30/8/96	1	x 2000
5/9/96	1	x 2000
4/9/96	1	x 2000
6/9/96	1	x 2000
8/9/96	1	x 2000

Total = 28 x 2000
9 x 4000

Les Z

21/5/96	1	Z	4vi
1/7/96	1	Z	2vi
2/7/96	1	Z	2vi
3/7/96	1	Z	2vi
5/7/96	1	Z	2vi
7/7/96	1	Z	2vi
8/7/96	1	Z	2vi
10/7/96	1	Z	2vi
12/7/96	1	Z	2vi
13/7/96	1	Z	2vi
15/7/96	1	Z	2vi
16/7/96	1	Z	2vi
17/7/96	1	Z	2vi

Total : 1 Z 4vi
12 Z 2vi

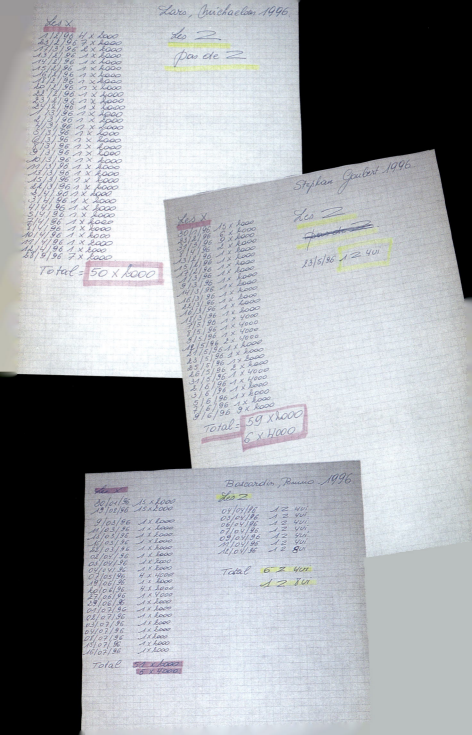

Jaana Laukka

Les X

31/3/96	9 x 2000
23/4/96	2 x 2000
21/4/96	1 x 2000
26/3/96	1 x 2000
26/4/96	1 x 2000
18/4/96	1 x 2000
19/8/96	1 x 2000
21/8/96	1 x 2000
23/8/96	1 x 2000
27/8/96	1 x 2000
29/8/96	1 x 2000
30/8/96	1 x 2000
2/9/96	1 x 2000
4/9/96	1 x 2000
6/9/96	1 x 2000
8/9/96	1 x 2000
1/10/96	1 x 2000
2/10/96	1 x 2000
3/10/96	1 x 2000
7/10/96	4 x 2000
10/10/96	2 x 2000

Total 37 x 2000

Les Z

20/8/95	1 Z 2vi
21/8/96	1 Z 2vi
21/7/96	1 Z 2vi
27/8/96	1 Z 2vi
28/7/96	1 Z 2vi
29/7/96	1 Z 2vi
30/7/96	1 Z 4vi
4/9/96	1 Z 4vi
5/9/96	1 Z 4vi
6/9/96	1 Z 4vi

Total: 7 Z 2vi
4 Z 4vi

J.C. Robin 1996

Les X

28/4/96	2 x 2000
16/4/96	2 x 4000
	3 x 2000
18/4/96	1 x 4000
24/4/96	1 x 2000
29/4/96	1 x 2000
21/7/96	1 x 2000
31/7/96	1 x 2000
26/9/96	1 x 2000
27/9/96	1 x 2000
30/9/96	1 x 2000
1/10/96	1 x 2000
2/10/96	1 x 2000
3/10/96	1 x 2000

Total: 18 x 2000
3 x 4000

Les Z

Pas de Z

Lilian Lebreton 1996

Les X

12/4/96	8 x 4000 par chab.
20/8/96	1 x 4000
26/9/96	1 x 4000
27/9/96	6 x 4000
1/10/96	1 x 4000
2/10/96	1 x 4000
3/10/96	1 x 4000
7/10/96	6 x 2000
11/10/96	1 x 4000
16/10/96	1 x 4000

Total 28 x 4000

Les Z

Pas de Z

Stephan Hodge 1996

Les X

13/2/96	4 x 2000
14/2/96	6 x 2000
10/3/96	1 x 2000
12/3/96	1 x 2000
13/3/96	1 x 2000
15/3/96	1 x 2000
3/4/96	1 x 2000
5/4/96	1 x 2000
11/5/96	3 x 4000
13/11/96	2 x 2000

Total: 2 x 4000
34 x 2000

Les Z

Pas de Z

Felix Garcia 1996

Les X
26/6/96	1 x 2000
28/6/96	1 x 4000
29/6/96	1 x 2000
1/7/96	1 x 2000
2/7/96	1 x 2000
5/7/96	1 x 2000
12/7/96	1 x 2000
15/7/96	1 x 2000
16/7/96	1 x 4000

Total 7 x 2000
2 x 4000

Les Z
1/7/96	1 Z 2ui
10/7/96	1 Z 2ui
13/7/96	1 Z 2ui
15/7/96	1 Z 2ui
16/7/96	1 Z 2ui
17/7/96	1 Z 2ui

Total 7 Z 2ui.

Valerio, Tebaldi.

Les X
20/5/96	1 x 2000
21/5/96	1 x 2000
23/5/96	9 x 2000

Total 11 x 2000

Les Z
21/5/96	1 Z 4ui

Total 1 Z 4ui.

Yvan, Cuartin 1996

Les X
30/7/96	15 x 2000

Patrice Holgaud 1996

Les X
7/9/96	1 x 2000
8/9/96	1 x 2000

Total 2 x 2000

Jeran Chiotti 1996

Les X
20/5/96	4 x 4000
	1 x 2000

Total 4 x 4000
1 x 2000

Ches Z
Pas de Z

Fabian, Jeker 1996.

Les X
16/10/96	1 x 2000

Total 1 x 2000

Ches Z
Pas de Z

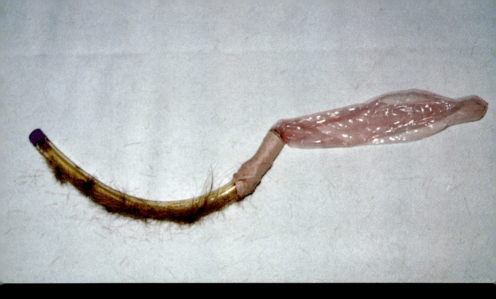

Pour tourner les contrôles : mode d'emploi au chapitre 6.

Une « centrifugeuse », l'appareil qui permet de contrôler le taux d'hématocrite des coureurs.

UN TUYAU DANS L'ANUS

entrait dans les toilettes et procédait à l'échange d'urine. Il suffisait d'y penser.

Malheureusement, il y avait des impondérables, comme la transpiration du coureur à l'arrivée. Un jour, le « double face » a lâché prise et le flacon est tombé par terre. Dans ces moments-là non plus, il ne fallait pas céder à la panique. Par chance, le médecin nous tournait le dos à cet instant. J'ai aussitôt recouvert l'objet du délit avec le maillot du coureur et mon sac à dos en lançant un « merde ! » retentissant, comme s'ils m'avaient échappé des mains. On l'avait échappé belle.

Nous n'étions donc pas à l'abri de scènes cocasses. Ce n'est pas à un coureur mais à... sa femme que je dois la plus belle, lors d'un contrôle antidopage à l'Alpe-d'Huez, à l'arrivée d'une étape du Tour de France 1979. Le coureur belge était très embêté. La montagne n'était pas son fort et, le matin, il s'était mis une « lichette » d'amphétamines. Pas pour surclasser les grimpeurs, juste pour rentrer dans les délais. Je l'avais pourtant prévenu. « Fais gaffe quand même, on n'est pas sur une kermesse, c'est le Tour. Et tu pourrais être tiré au sort. » Mais il m'avait répondu sur un ton bonhomme : « Bah, autant penser qu'un pigeon va me chier sur la tête en sortant d'ici. »

Seulement voilà, une fois arrivé à la caravane antidopage où les noms des heureux élus avaient été affichés une heure avant l'arrivée, il comprit qu'un pigeon lui avait bel et bien chié dessus...

Je déclenchais donc une opération de sauvetage. Il n'y avait qu'une seule solution dans ce cas d'urgence : glisser un flacon dans son cuissard. Ensuite, à lui de se débrouiller. Mais pas question de compter sur une éventuelle minute d'inattention du médecin. Celui-là était un coriace. Le regard du coureur, pourtant un champion rompu aux tours de magie, en disait long. Il ne pouvait rien faire. J'étais aussi emmerdé que lui...

Je transpirais tellement que je suis sorti de la caravane. Et là, j'ai vu sa femme, en visite éclair sur le Tour, venir à mes devants.

— Alors, Willy, mon mari en a encore pour longtemps ?

Je lui ai expliqué que la situation était critique. À ma grande surprise, elle s'en fichait éperdument.

— Ça lui apprendra !

J'en étais toujours à chercher la solution quand tout à coup, dans mon dos, elle s'est affaissée de tout son long.

– Docteur, docteur ! Une femme vient de se trouver mal !

Tout en criant, le gendarme qui surveillait la zone de contrôle s'est mis à tambouriner à la porte de la caravane. N'écoutant que son devoir, le médecin a surgi pour secourir la pauvrette. Deux ou trois tapotes plus tard, elle a repris ses esprits. C'était plus qu'il n'en fallait pour son mari, enfin seul...

– Ce n'est rien. La chaleur, sans doute.

Le soir, à l'hôtel, le coureur ne se vantait pas.

Pour comprendre la situation qui régnait dans les caravanes de contrôle, rien de tel que des mots de passe parmi les coureurs qui y défilaient. Tels des potaches sortant d'une salle d'examen, les coureurs entre eux se passaient fugitivement le mot, ou la grimace de circonstance. Du genre « c'est bon, le toubib est cool » ou « fais gaffe, il regarde partout » en passant par « tu dois te désaper entièrement ». C'est pour cela qu'il était préférable de ne pas passer le premier, afin de mieux préméditer son coup.

Surtout, ce qui était vivement recommandé, c'était d'être un champion. Comme une banque qui ne prête qu'aux riches et fait des fleurs à ses meilleurs clients, un type renommé avait plus de chance de passer à travers. Que voulez-vous, le prestige peut s'exercer jusqu'au bord d'une éprouvette. Même les docteurs se laissaient impressionner à l'idée de côtoyer telle ou telle figure emblématique, ne serait-ce que pour quelques minutes, le temps de recevoir un autographe, une poignée de mains, un petit mot sympa, un sourire. Celui-là, il aurait pu être à découvert qu'on lui aurait fait cadeau des agios.

Ce n'est pas Dante Rezze qui me contredira. Bon petit coureur chez RMO à l'époque et dévolu au rôle d'équipier, il s'était présenté blanc comme neige à un contrôle antidopage sur le Tour d'Espagne 1989. Totalement déshydraté, le pauvre n'arrivait pas à pisser. L'équipe médicale ne le lâchait pas des yeux. La suspicion collait à ses talons. On voit le mal partout.

Tous ces subterfuges ont disparu au milieu des années 80. De plus en plus, le vainqueur d'une épreuve passait directement du podium au contrôle antidopage. Plus moyen d'effectuer un crochet par le bus de l'équipe pour « se changer ». Le renforcement des contrôles, leur systématisation, rendaient les tours de passe-passe difficiles. De fait, les amphétamines étaient de moins en moins utilisées en course, à l'exception des épreuves de début de saison. Car les contrôleurs médicaux ne commençaient à débarquer qu'en mars, sur Paris-Nice ou Milan-San Remo, pas avant. À l'entraînement en revanche, on ne se gênait pas. Les contrôles inopinés ne sont intervenus que bien plus tard. La mode à l'époque consistait à couper en deux le piston d'une seringue contenant un millilitre d'amphétamines et à le coller (voire à le coudre) à l'intérieur de son maillot, à hauteur du ventre. Au bon moment, on passait à l'action.

Quant aux produits non identifiables, ils avaient encore de beaux jours devant eux. La cortisone était indécelable dans les urines (c'est toujours le cas), la testostérone passait à travers quatre jours après la prise, certains anabolisants au bout de sept... Toujours l'aphorisme préféré des coureurs : pas de contrôle positif, pas de dopage. Ils ont fini par s'en persuader. Un peu comme si l'on posait l'équation suivante : 180 km/heure sur autoroute, pas de radar, vitesse respectée.

VII

Veux-tu une pâte de fruits aux yeux ?

Le juge m'avait promis que je ne resterais pas
là plus d'une semaine. Nous étions le 20 juillet
1998 et cela faisait maintenant dix jours que je
me morfondais au fond de ma cellule. Deux
jours plus tôt, l'équipe Festina avait été mise
hors course du Tour, une nouvelle dont je ne
me remettais pas. Vues et revues, les images de
Virenque sortant en pleurant du café *Chez Gillou*
me vrillaient le cœur, je me sentais comme un
voleur repenti. À cause de moi, les ambitions de
la meilleure formation du monde étaient anéan-
ties. Je pataugeais dans mes angoisses comme
ma ration de légumes dans ma gamelle. L'idée
de quitter cette taule me donnait même la chair
de poule. Je me voyais déjà écharpé à la sortie
pour avoir déclenché ce cataclysme. Involontai-
rement, j'avais appuyé sur le bouton rouge.

Je tournais et retournais ces noires pensées
quand le gardien est venu me chercher.

– Viens avec moi. Il y a deux policiers du SRPJ qui t'attendent.

Ça recommençait. Que me voulait-on, cette fois-ci ? Fouille, menaces, interrogatoire, je ne savais plus vers quoi j'allais.

Ils se sont présentés avant de m'expliquer l'objet de leur visite. Je devais leur fournir la preuve que je travaillais bel et bien pour Festina. Je n'avais bien entendu rien de tel sur moi et ils m'ont accompagné à l'office des dépôts. Ils ont récupéré ma mallette et mon sac à dos, qui avaient sûrement été passés au peigne fin plus d'une fois. Qu'importe, ils ont recommencé à fouiller dans mes affaires. Mon linge, mon fax de convocation pour le Tour, ma carte bancaire. Et finalement, ils ont gardé avec eux la seule chose qu'ils étaient venus chercher : mon carnet « de route » de la saison en cours. Cet agenda qui n'avait encore retenu l'attention de personne était devenu une pièce à conviction. Les deux types étaient plutôt bon enfant. La discussion était cordiale, dénuée de toute tension. L'un des deux m'expliqua même que « l'importation de substances vénéneuses » pouvait me coûter très cher.

– Pourquoi ne demandes-tu pas à voir le juge avant la convocation de vendredi ? Histoire de tirer les choses au clair. On s'en occupe pour toi, si tu veux.

Je ne pouvais qu'accepter. D'autant que j'avais un peu biaisé lors de ma première rencontre avec le juge. Je lui avais expliqué que les produits arrivaient par le camion-atelier de l'équipe. Il faut croire que je n'étais pas convaincant puisque le 23 juillet, il m'a demandé le nom de l'importateur. J'étais coincé. J'ai balbutié avant de lui proposer de poser la même question le lendemain, lors de ma confrontation avec Bruno Roussel et Eric Rijckaert. « Je préfère que ce soit Bruno Roussel qui y réponde. S'il se tait, alors je vous le communiquerai. » Le juge a acquiescé.

Heureusement, Bruno Roussel m'a évité cette peine. Il aura finalement été l'un des rares, si ce n'est le seul à son niveau de responsabilités, à comprendre que le mensonge est une impasse. Car c'est se mentir d'abord à soi-même.

Au cours de mes premières années de soigneur attitré, soit de 1979 à 1981 chez Flandria, Marc Zeep Central et Daf-Truck, trois équipes belges, j'ai appris que la tricherie pouvait devenir un mode de vie. Question de situation. Je me souviens du Tour d'Allemagne 1979, une épreuve réapparue ce printemps au calendrier international, après des années d'abandon.

Avant l'arrivée à Dortmund, qui attendait

sagement le succès du grand coureur allemand de l'époque, Dietrich Thurau, il fallait encore en passer par une étape difficile, avec un col sévère, près de dix bornes, planté aussitôt après le départ. Chez Flandria, Albert Van Vlierberghe, un coursier belge pas franchement réputé pour ses qualités de grimpeur, avait décidé de faire l'impasse.

– Monte-moi là-haut en voiture. Les gars vont partir plein pot, je les connais, et moi je vais me retrouver en « chasse-patates » toute la sainte journée.

J'étais encore jeune dans le métier et je n'osais pas vraiment contredire les coureurs. Mais j'avais peur, pour lui comme pour moi.

– Ne t'inquiète pas, Willy. Et si jamais quelqu'un me voit, on dira que j'ai abandonné, c'est aussi simple que ça.

Et nous avons filé en voiture un quart d'heure avant le départ de l'étape, lui une veste de soigneur sur les épaules, et moi la trouille au ventre. Arrivés au sommet, sur le replat, nous avons repéré une grange au bord de la route. Je l'ai laissé là – je devais m'occuper du ravitaillement –, caché derrière la grange, attendant le moment propice pour prendre la course en route, comme si de rien n'était. Tout s'est déroulé comme il l'avait prévu : le peloton était parti en miettes dès le baisser de drapeau, et sa tâche s'en trouvait facilitée. Après le passage des premières voitures, des véhicules de presse pour l'essentiel, il s'intercala dans un temps mort, entre une échappée d'une dizaine de coureurs et le gros du peloton, que précédaient des motos. Il n'eut aucune peine à revenir sur le groupe de tête. Mieux : il termina sixième de l'étape...

De tels exemples sont nombreux. La force brute n'est souvent rien sans intelligence. Et cette intelligence peut se déployer en d'innombrables facettes, comme sur un Tour des Flandres de ces mêmes années. Le « Ronde », c'était quelque chose, surtout pour nous autres Flamands. Une course de durs sur un toboggan de plus de deux cent cinquante kilomètres, pavés pour certains. Le tracé était tellement enchevêtré qu'en empruntant des raccourcis, les spectateurs pouvaient voir passer la course à plusieurs endroits.

Sur la route tranquille qui me menait à l'arrivée, j'ai croisé un bon coureur flahute, qui n'était pas de mon équipe. Visiblement, à en juger par son allure, il avait déjà abandonné. Je lui ai demandé s'il ne voulait pas que je le ramène à l'arrivée et il m'a fait un signe de remerciement de la main.

– Non, non. Je vais rouler jusqu'à Meerbeke, je te remercie. Ça me mettra des kilomètres supplémentaires dans les jambes.

Je l'ai donc laissé à son entraînement et j'ai repris mon chemin. Une heure avant le final, j'étais en train de discuter sur l'aire d'arrivée avec d'autres soigneurs quand un nom craché par les haut-parleurs m'a fait sursauter : c'était celui du coureur que j'avais croisé !

Le coup n'avait sans doute pas été prémédité. La course l'avait rattrapé et il avait dû prendre le train en marche. Cela étant, un doute subsistait dans mon esprit. Le frère de ce coureur était également professionnel. Je pensais qu'on avait dû confondre...

À l'arrivée, les bousculades habituelles m'ont fait oublier ma perplexité. Jusqu'au contrôle médical. Qui était inscrit sur la liste des coureurs appelés à uriner, en deuxième position ? « Mon » imposteur, avec quatre-vingts kilomètres de moins dans les jambes que ses adversaires ! Ni vu, ni connu, comme toujours.

Nous nous sommes recroisés quelques semaines plus tard. Lorsque je lui ai rappelé, goguenard, son superbe exploit, il a d'abord fait mine de ne pas comprendre. Puis, devant ma mine mi-amusée mi-incrédule, il a aimablement mis fin à la conversation : « Et puis de toute manière, ta gueule ! »

Ces tricheries ne sont rien toutefois à côté de celles qui peuvent naître de la complicité d'un médecin et d'un coureur. Le cas de ce Liège-Bastogne-Liège de la fin des années 70 est éloquent. « La » Liège, comme l'on dit, c'est un monument. La doyenne des classiques mais aussi l'une des plus courtisées, car elle consacre un champion complet, au meilleur de sa forme, sur un parcours terriblement exigeant.

Le coureur en question s'était préparé en conséquence, avec « toutes les options ». Il n'avait aucune crainte à avoir : le responsable du contrôle était son propre médecin ! Un médecin qui suivait la préparation de plusieurs coureurs tout en étant membre du comité de contrôle antidopage de sa fédération. Un autre Rijckaert, en somme puisque Eric travaillait aussi pour les autorités flamandes. Ces médecins étaient détachés par le ministère pour appliquer les contrôles, pas seulement lors des courses cyclistes d'ailleurs, mais aussi pendant les matches de football et les combats de boxe. Et des Rijckaert, on en trouvait un peu partout, en Italie, en France, avec une grosse poignée de « patients » coureurs... Mais rien n'a changé aujourd'hui...

Cela étant, la plupart des médecins qui « préparaient » leurs coureurs ne semaient pas la mort sur leur passage. Un toubib comme Rijckaert, par exemple, tentait de canaliser les demandes grandissantes de ses « clients ». Je me rappelle aussi qu'il avait refusé de signer la licence du fils d'un coureur belge pour avoir constaté une anomalie cardiaque lors d'un examen de début de saison. Le fiston est allé voir ailleurs. Neuf mois plus tard, il mourait d'une crise cardiaque sur son vélo.

En ces années 80, tout était bon à prendre et à entendre. Un chasseur de classiques était venu renforcer l'équipe où je travaillais. Il arrivait avec un bon palmarès et un gros bagage. Parce qu'il m'avait à la bonne, il ne m'a rien caché de sa préparation médicale. Les produits interdits mais aussi la façon de les utiliser, les techniques de récupération. Cet homme m'a vraiment fait sauter une marche. Car il ne suffit pas de connaître les substances ; encore faut-il les injecter au moment opportun, savoir les doser si elles doivent être mélangées. Les « anciens » m'avaient laissé sur ma faim mais je ne leur jette pas la pierre. J'ai toujours agi de même avec les nouveaux soigneurs. Qu'ils se démerdent comme je me suis démerdé...

Un jour, au sortir du Tour de France, ce coureur m'a annoncé qu'il s'adjugerait une épreuve importante quelques semaines plus tard. Pendant les dix jours qui précédaient la course, à raison d'une injection tous les deux jours, il se mit au Synacten Retard, 2 millilitres au total. Le jour du départ, une demi-heure avant le départ, il se fit une sous-cutanée de Synacten Immédiat, un produit encore largement utilisé aujourd'hui pendant la période des classiques, puisque indétectable. Il savait exactement ce dont il avait besoin à chaque moment. Le résultat fut à la hauteur.

Mais ce n'était pas toujours le cas. Je me souviens d'un Tour de Lombardie au début des années 80. Le matin du départ, celui qui allait être déclaré vainqueur huit heures plus tard s'était injecté du Synacten Immédiat dans une fesse, en intramusculaire, afin d'en ressentir les effets progressivement. Au premier ravitaillement, il y avait des coureurs partout. Le futur vainqueur concédait alors plus de deux minutes de retard sur l'échappée qui s'était constituée. Il était mal parti. Au deuxième ravito pourtant, il avait rejoint les hommes de tête. Puis il s'était « débloqué » avant de finir seul. Dans un premier temps, le froid et le surdosage avaient provoqué l'inverse du résultat escompté. Le coureur ne s'était pas découragé et avait puisé dans ses réserves pour passer la surmultipliée. Costaud comme il l'était, il aurait peut-être gagné sans apport prohibé. Mais de même que l'argent ne fait pas le bonheur mais y contribue, le dopage ne fait pas le champion mais ne le dessert pas...

Autre histoire de coureur se débridant en cours de route, « l'exploit » de Bert Oosterbosch, un formidable rouleur hollandais, sur le Grand Prix des Nations 1982. Deux boucles de quarante-cinq kilomètres dans la région cannoise. Au premier temps intermédiaire (kilomètre 18), ce spécialiste des prologues pointait en dix-huitième position, à une minute et demie du leader ; à mi-course, Oosterbosch le roux était pointé en onzième position ; au kilomètre 75, il occupait le quatrième rang, à près de trois minutes du futur vainqueur, Bernard Hinault, et s'adjugea finalement la troisième place, à moins de deux minutes et demie du « Blaireau ». Il avait fini en trombe et la presse salua dans ses articles le fin tacticien qui avait su doser son effort, notamment dans la longue côte de Vallauris, pour refaire surface.

L'explication était bien différente. Le Synacten Immédiat injecté peu de temps avant le départ avait bloqué ses ardeurs. Là encore, même avec les deux pieds sur une pédale, comme on a coutume de le dire, l'intéressé ne paniqua pas. Au lieu de renoncer, il attendit patiemment que son organisme se libère. Le Synacten fit son effet avec une heure de retard. Mais c'était une heure de trop pour espérer l'emporter.

Dans la série des produits qui cachent diablement bien leur jeu, impossible de ne pas évoquer les « pâtes de fruits aux yeux ». Même lorsqu'il était encore possible de courir sous amphétamines (mais des Grand Prix des Chaudières, il n'en manque toujours pas), il nous semblait toutefois préférable de ne pas les exhiber. Nous avions donc trouvé la parade suivante pour dissimuler ces petits comprimés de Pervitin ou de Captagon cinq milligrammes : les enfoncer dans une pâte de fruits. Nous nous amusions à les planter en guise d'yeux, avec un nez en prime si le coureur en voulait trois. J'en ai connu qui allaient jusqu'à cent milligrammes par course. Dans ce cas, on ne dessinait plus un visage mais un squelette ! Le matin, à l'hôtel, quand j'allais de chambre en chambre en demandant qui voulait des yeux, un nez, voire une bouche, dans sa pâte de fruits, tous me comprenaient. Le dopage, quelle qu'en soit la forme, a toujours fait partie intégrante de la culture du cyclisme de haut niveau.

En tout cas, j'ai au moins connu un cas où

toute notre panoplie de dopants, Immédiat ou Retard, 200 ou 500 milligrammes, explosifs ou à combustion lente, s'est révélée impuissante. C'était au championnat du monde 1982, à Goodwood, où je faisais partie du staff de l'équipe de Belgique. La veille de l'épreuve, vers 23 h 30, Freddy Maertens, l'un des ténors de l'équipe, débarque en taxi ! Il n'avait donné aucun signe de vie depuis un moment et nous commencions à nous ronger les sangs. Et patatras, le voilà qui s'avance vers nous dans la salle de restaurant, bourré comme une cantine ! Notre champion du monde en titre avait dû prendre une sacrée cuite. Vu son état, il n'y avait plus rien à faire pour lui. Freddy insistait pour qu'on le remette d'aplomb. Mais il sombra bientôt dans un profond sommeil. Le lendemain, Freddy Maertens boucla trois tours et puis s'en fut.

Les liens qui pouvaient unir un coureur et son soigneur ne tenaient pas forcément à leur complicité pour mettre au point au jour « J » la préparation idoine. J'en veux pour preuve un autre Tour de Lombardie, toujours dans les années 80.

La veille de cette classique italienne, nous nous étions rendus avec deux véhicules à la présentation générale des coureurs. Comme notre directeur sportif devait encore assister à la réunion technique, nous avons dû nous entasser dans une seule voiture pour regagner notre hôtel. Sean Kelly a pris le volant, moi, je me suis retrouvé dans le coffre, au milieu des sacs !

L'Irlandais n'était jamais le dernier à faire le guignol. Pour amuser la galerie, notre conducteur s'est mis à faire des embardées et à freiner brusquement. Derrière, j'étais brinquebalé de droite à gauche ! Plus je hurlais et plus Kelly s'obstinait. Jusqu'au moment où ma tête a percuté violemment le haut du coffre...

Une fois à l'hôtel, je n'ai pas manqué de lui dire ma façon de penser.

– Tu me fais chier ! Ce n'est pas parce que tu es un champion que tu peux tout te permettre.

Nous nous sommes copieusement engueulés. Le soir, nous ne nous sommes pas adressé la parole pendant que je le massais. Et quand est venue l'heure des soins, notamment l'injection corticoïde, j'ai préparé à contrecœur une ampoule que j'ai jetée sur sa table de nuit.

– Tiens, ta merde est là. Bonne nuit.

Kelly a dû se débrouiller tout seul, ce qui n'a pas semblé le perturber. Le lendemain matin, rebelote, dans une indifférence partagée.

Quelques heures plus tard, il franchissait la ligne bras levés. Je me trouvais dans la zone de décélération quand il m'a vu. Nous nous sommes jetés dans les bras l'un de l'autre et nous avons pleuré comme des gamins.

La variété des produits est telle qu'il s'en trouve pour tous les goûts. Sport d'endurance, le cyclisme se nourrit aussi d'excitants immédiats, autorisés par la loi sportive mais pernicieux pour l'organisme. C'était le cas de la caféine par injection intramusculaire, bien utile dans les contre-la-montre en montagne, mais aussi et surtout de la Trinitrine. Ce produit contient une dose de caféine importante et agit immédiatement sur le cœur. Les sprinters la connaissaient bien. Cinq ou six kilomètres avant l'emballage final, ils en croquaient un comprimé et l'effet était quasi instantané. De même lors des prologues, des efforts brefs et violents. À ma connaissance, ce produit a été utilisé jusqu'aux débuts des années 90 car, bien que toléré, il n'en était pas moins dangereux en cas d'absorption régulière. Et je peux affirmer que 60 p. 100 du peloton étaient sous l'emprise de produits dopants. Pas toujours les mêmes, d'ailleurs. Il s'instaurait comme une tournante entre ceux qui, par exemple, relevaient de blessure, ceux qui avaient des objectifs plus lointains, ceux qui étaient sur le point de couper leur programme, ceux qui se préparaient en douceur et ceux qui voulaient gagner le jour même. Et certains étaient plus endurants que d'autres, capables d'enchaîner trois grands Tours par an sans rechigner ou sans faire de rejets. Cette loi-là est du ressort de la nature.

La prise de suppositoires dans lesquels on injectait de la caféine (parfois des amphétamines) était un autre procédé très utilisé. Nous faisions même préparer en pharmacie des suppositoires dosés à 200 ou 300 milligrammes. Certains coureurs réclamaient des suppositoires de 500 milligrammes, ce qui dépassait le seuil autorisé. Les pharmaciens, pas idiots, n'en ignoraient pas l'usage mais fermaient les yeux. Ces suppositoires étaient ensuite emballés dans du papier d'aluminium (pour qu'ils ne fondent pas) et placés dans une bouteille thermos que je conservais par-devers moi. À l'approche du ravitaillement, je les collais autour des bidons à l'aide d'un sparadrap et je les glissais dans les musettes. C'est ce qui s'appelait un « bidon-parachute ». À quatre-vingts kilomètres de l'arrivée, afin de se préparer pour le final, les coureurs n'avaient plus qu'à sauter de l'avion...

À chaque début de saison, je commandais aussi dans une pharmacie belge deux mille petits tubes en plastique transparent destinés aux départs des courses. Dans chacun d'eux, je plaçais méthodiquement les éléments suivants.

Au fond du tube, un comprimé, marron, d'Anémine, c'est-à-dire de la caféine, en prenant soin de ne pas dépasser 400 milligrammes, un autre, jaune, d'Hexacine, ou de Coltramyl, blanc, pour lutter contre les crampes, et un dernier, vert, de Thiocticide, pour diminuer la production de toxines. Je recouvrais le tout d'un morceau de coton sur lequel je posais trois autres comprimés : le premier, rouge, de Persentin, un réchauffeur qui permet de trouver rapidement son second souffle ; le suivant, blanc, de Berevine B1, un produit qui freine lui aussi l'effet des toxines sur les muscles, et un dernier, jaune translucide, de vitamine E, un antifatigue.

Les coureurs n'avaient pas systématiquement recours à cette préparation qui, d'ailleurs, ne contenait rien de répréhensible. Tout dépendait du déroulement de l'épreuve, de leur état de forme ou de leur position. C'était au cas où. Si j'en commandais une telle quantité, c'est qu'ils s'en débarrassaient au fur et à mesure des prises. Quand j'imagine les quantités de tubes vides qui doivent s'entasser dans les fossés, depuis le temps...

Le public découvre aujourd'hui avec l'affaire Festina que le système imposé par Bruno Roussel avait également pour but d'éviter que les coureurs ne jouent les apprentis sorciers. Mais dix ans plus tôt, les initiatives individuel-

les étaient tout aussi nombreuses qu'aujour-
d'hui. Tout aussi dangereuses. Les coureurs
étaient livrés à leur curiosité et à la cupidité
de charlatans. Voilà bien un trait qui relie les
époques.

VIII

Le pot des fous

Il me rendait visite tous les après-midi, sauf pendant le week-end. Ce mardi 21 juillet 1998, il n'avait pas dérogé à l'habitude. Je l'ai retrouvé à « l'étoile », le point stratégique situé au rez-de-chaussée, puis nous nous sommes enfermés dans un bureau spécialement conçu à cet usage. Maître Ludovic Baron était un chic type. On se tutoyait parce que j'ai le tutoiement facile. Chez nous en Belgique, à part le curé, le docteur et le banquier, on tutoie tout le monde. Et c'est aussi dans ma nature.

Il m'a aussitôt annoncé que ma confrontation avec Bruno Roussel et Eric Rijckaert aurait lieu le 24 juillet à 9 h 30. Je me languissais de les retrouver. Je savais que tous deux avaient, dans un premier temps, nié l'évidence, ce qui contredisait ma déposition. J'avais hâte de rétablir la vérité, avec le juge pour témoin. Bien sûr, ils avaient été mis en examen et la suspicion tournait plus autour d'eux que de moi-même, mais j'avais peur que le poids d'un employeur et d'un signataire du serment d'Hippocrate soit plus considéré que celui d'un exécutant. Ce serait leur parole contre la mienne, mes yeux dans les leurs. Histoire de retrouver des individus face à leurs responsabilités, avec leur conscience pour seul juge. Comme ces hommes d'un autre âge qui ont disparu.

Certains pleurent encore le Vicomte. Un caractère, une gueule. Le cyclisme regorge de champions, de personnages, et Jean de Gribaldy fait partie de cette prestigieuse photo de famille. Les deux années passées à ses côtés, 1982 et 1983, m'ont marqué à jamais.

De Gribaldy était un homme indépendant, profondément humain. Dans le même temps, il préservait une certaine distance entre le sportif, qu'il vouvoyait, et lui-même. À la fois chaleureux et froid. Il avait été l'un des précurseurs en matière de diététique et ne tolérait aucun écart. À l'époque, les coursiers n'arrivaient pas aussi affûtés qu'aujourd'hui, plutôt avec trois à cinq kilos de trop que l'inverse. D'entrée de saison, ils s'allumaient aux amphétamines, aussi bien pour perdre du poids que pour être dans le coup.

Le Vicomte, lui, ne connaissait qu'un moyen pour se débarrasser du superflu : moins bouffer ! Avec ce qu'ils dépensent comme calories, les cyclistes ont toujours faim. Mais le bonhomme veillait sur ses ouailles, intransigeant. Je me souviens du premier stage de Sem France-Loire à Mandelieu, en février 1983. Le pain, le beurre, le vin, tout était confisqué. Les coureurs se tapaient des biscottes. Ils étaient si affamés qu'au lieu de traîner dans leur chambre avant le dîner, ils faisaient la queue devant la salle de restaurant dès 19 h 30 ! Le Vicomte allait même jusqu'à verser du bromure dans leurs aliments pour calmer leurs ardeurs, mais aussi de la levure de bière sur la salade ou les pâtes, un excellent complément alimentaire. Cette habitude, je l'ai toujours gardée. L'ultra-levure, pas le bromure.

L'équipe qu'il dirigeait avait de l'allure elle aussi : Sean Kelly, Steven Rooks, Jean-Marie Grezet, René Bittinger... Ces deux derniers coureurs, tout comme, plus tard, Gilles Delion au sein de l'équipe Helvétia, étaient préparés par Pierre Ducrot, un masseur ostéopathe que j'avais rencontré en 1979 chez Flandria. Ducrot, qui a fait toute sa carrière auprès du Vicomte, l'avait suivi chez Sem France-Loire. Notre approche était pour le moins divergente, et nos accrochages nombreux. Il avait beau prêcher dans le désert, il ne voulait pas entendre parler de médicaments, encore moins de dopage, mais privilégiait la diététique et l'homéopathie. Et Jean de Gribaldy avait confiance en cet homme.

C'est le Vicomte qui préparait lui-même les bidons. La fonction des soigneurs était aussi d'assurer le ravitaillement, mais bon... Il s'enfermait dans sa chambre et ne laissait entrer personne. J'ai appris plus tard qu'il se méfiait de tous et craignait les flacons suspects.

C'est avec Sem France-Loire que j'ai gagné ma réputation de soigneur. Plus précisément avec Sean Kelly. Un fabuleux chasseur de classiques, dix au total (deux Paris-Roubaix, deux Milan-San Remo, deux Liège-Bastogne-Liège, trois Tours de Lombardie, un Blois-Chaville) sans oublier un Gand-Wevelgem, un Grand Prix des Nations, un Tour d'Espagne, et de nombreuses étapes... Ce coureur dur au mal, au palmarès impressionnant et à la longévité remarquable, était fait d'un métal rare. Car, quel que soit l'apport de la médecine, il faut d'abord être un individu hors normes pour devenir un champion.

Nous avions sympathisé à la fin des années 70. À l'époque, il résidait à Vilvoorde, à sept kilomètres de chez moi, ce qui facilitait les contacts. Même s'il roulait pour une autre équipe que la mienne, il venait souvent se faire masser à la maison, me payant alors à la journée. J'ai donc appris à le connaître, aussi bien mentalement que physiquement. Car il ne faut jamais perdre de vue que chaque coureur se prépare de façon spécifique. Parce que les individus sont uniques, il est impossible de décalquer les méthodes.

Une histoire récente pour éclairer mon propos. Printemps 1998, Laurent Dufaux vient de surclasser le Tour de Romandie. Il marche alors comme un avion, à la cortisone, ce qui n'a pas échappé à son équipier et compatriote Alex Zülle, notre beau renfort de l'intersaison. Une petite semaine avant le départ du Tour d'Italie, dont il est le favori, Alex, leader de l'équipe Festina sur l'épreuve, vient me réclamer le même traitement.

— Tu as juste besoin de ta classe. Pour le prologue, elle suffira amplement.

Alex était assez fort comme cela. D'autant qu'il avait entamé un traitement à base d'hormones de croissance pour préparer le terrain, avant de passer aux corticoïdes. Dans le milieu, c'est ce qu'on appelle un « fond de jante ». Lorsqu'on met au point une voiture de formule 1, il faut s'occuper des pneumatiques, du moteur, de l'aérodynamisme. Bref, tous les paramètres doivent être optimisés. De même pour un cycliste.

On peut ainsi savoir après chaque étape où en est le coureur au vu des résultats de ses prises de sang ou des courbes projetées par le sport-tester qu'il porte autour de la poitrine. On peut prévoir la panne ou l'amélioration.

Le préparateur habituel de Zülle, Marcello Torrontegui, passa outre. Ce soigneur espagnol pensait pouvoir lui appliquer ce qu'il avait réussi précédemment avec un autre coureur. Il lui injecta donc des doses massives de corticoïdes, ce qui eut pour effet de rompre l'équilibre patiemment obtenu. Là où les hormones nourrissent le muscle, en effet, les « cortico » le bouffent peu à peu ! Le résultat fut calamiteux : après avoir survolé les dix premiers jours de course, Alex s'effondra.

Un divorce au début de la saison 1984 m'avait fortement perturbé. Si bien qu'au terme du Tour d'Espagne, j'ai décidé de prendre du champ pour mettre de l'ordre dans mes affaires et mon esprit. Je ne suis revenu dans le peloton que début juin, à la pige, au sein d'une petite équipe française.

Parmi elle se trouvait un type original, gros caractère, forcément attachant, qui appréciait Bordeaux-Paris. Cette course n'existe plus aujourd'hui et il est vrai qu'elle symbolise une autre époque. On partait à 23 heures de Bordeaux. Les coureurs roulaient groupés, chaudement vêtus, jusqu'à Poitiers qu'ils ralliaient au petit matin. Là, pendant une petite heure, ils se changeaient, se restauraient et se faisaient masser avant d'être lâchés derrière Derny pour monter sur Paris. La vraie course commençait, mais c'est toute l'épreuve qui représentait un tour de force épouvantable et fascinant à la fois.

Cette année-là, le coureur en question était sur des charbons ardents. Nous venions de laisser Poitiers derrière nous lorsqu'il est arrivé à hauteur de notre voiture, visiblement éreinté.

– Putain, fais-moi mon injection maintenant !

C'était risqué. Il pouvait toujours y avoir un témoin gênant dans la caravane. Le moment était mal choisi pour baisser gentiment le cuissard, stériliser la peau avec un joli petit coton alcoolisé, piquer par la portière, frotter la fesse pour répandre le produit et remonter le tout.

– M'en fous. Fais-moi c'te piqûre au travers ! Grouille-toi !

Je m'exécutais. La seringue transperça le cuissard.

À Paris, il me sauta au cou en me soufflant : « Putain, Willy, comme j'étais bien ! Heureusement que tu m'as stoppé à l'arrivée, sinon je continuais jusqu'à Lille ! »

Bordeaux-Paris était une épreuve trop inhumaine pour qu'un coureur s'en sorte seul. J'ai connu un de ses vainqueurs, un Belge, qui n'était pas un adepte des produits dopants mais qui, pour ce périple, réclamait un régime spécial. Une injection de Kenacort dans une fesse pour tenir lors des six premières heures, puis des comprimés d'hydrocortisone pour terminer. Il repartait le cœur léger, et la conscience tranquille. Le contrôle ne s'est jamais aperçu de rien. Pour les soigneurs aussi, l'épreuve était éprouvante. Deux jours non stop à préparer les bidons, effectuer les ravitos, pratiquer les soins par la portière de la voiture suiveuse. Pour être compétitifs, nous nous chargions comme des mules, au Captagon le plus souvent.

Paris-Roubaix est la dernière de ces courses de folie. Et aujourd'hui encore, la plupart des directeurs sportifs continuent d'employer les mêmes méthodes. Ces anciens coursiers savent pertinemment ce dont ils ont besoin pour être solides au poste, derrière le volant. Il y a bien sûr des exceptions. Un Bruno Roussel, par exemple, ne prenait jamais rien. Mais il n'avait pas le pedigree de ses collègues et, dans « l'enfer du Nord », il préférait laisser le volant et se poster sur le parcours pour filer une roue ou un bidon.

Après le Captagon, beaucoup de suiveurs sont passés au pot belge. Car si l'on en parle beaucoup aujourd'hui, il faut savoir qu'il existe depuis une quinzaine d'années. On l'avait d'abord baptisé « le pot de fou ». Parce que le lendemain de la prise, on avait une tête de dément ! Presque personne n'en connaissait la composition exacte. Nous savions seulement qu'il contenait des amphétamines. C'est dire si, coureurs comme suiveurs, nous étions inconscients. Certains s'injectaient même cette potion par intraveineuse ! En tout cas, si l'on se mettait à contrôler les directeurs sportifs sur les pavés de Paris-Roubaix...

Plus tard, j'ai même connu un directeur sportif, un Français, qui pratiquait lui-même les piqûres sur ses coureurs ! Il se renseignait auprès des médecins ou des soigneurs sur les effets des produits, les horaires à respecter, les doses à prescrire. À l'époque, il n'avait pas les moyens de se payer un médecin. On n'est jamais si bien servi que par soi-même...

La « dope » ne sert pas exclusivement à s'imposer. Elle peut aider aussi à ne pas craquer. Dans le Tour 1983, Sean Kelly portait le Maillot vert. Un de ses équipiers, souffrant, avait décidé d'aller au bout. Pour sa dignité, pour Kelly aussi. Il n'y avait pas d'alternative : cortisone et amphétamines pour tenir le coup. Et beaucoup de prières pour que le coureur échappe aux contrôles. Le « double face » était prêt à l'emploi mais jamais nous n'avons eu à nous en servir. L'équipier est passé entre les gouttes. Et Kelly a gardé son Maillot vert jusqu'aux Champs-Élysées.

C'est dans ce Tour 83 que nous avons frôlé la catastrophe. Sean Kelly avait en effet endossé le Maillot jaune à Pau, le 10 juillet. Philippe Chevallier avait remporté l'étape et Sean, troisième, était devenu leader par le jeu des bonifications, aux dépens du Danois Kim Andersen. Kelly souhaitait conserver son maillot le plus longtemps possible. Nous avons décidé d'une injection de Synacten Retard. Comme le disait l'Irlandais, « sur le Tour, je ne joue pas avec des produits interdits ». Dans sa bouche, dans notre bouche à tous d'ailleurs, cela signifiait des produits détectables.

Le lendemain, Kelly était incapable de prendre une roue, largué dans la moindre bosse, et elles étaient nombreuses puisque l'étape allait de Pau à Bagnères-de-Luchon. Sean termina à l'agonie et ne resta qu'un jour en jaune. Le temps de passer son maillot à Pascal Simon qui, on s'en souvient encore, résista ensuite avec un trait de fracture à une clavicule avant de rompre et de laisser la voie libre à Laurent Fignon. Ce coup de pompe de l'Irlandais me valut le surnom de « bloqueur ». C'est Tinazzi qui me l'avait trouvé dans un grand éclat de rire. Et de tels sobriquets vous poursuivent longtemps. Quinze ans plus tard, certains me chambraient encore avec cette grosse boulette. Cette année-là, en effet, année de transition, le Tour était assez ouvert et Kelly pouvait prétendre à la victoire finale.

Quelques années plus tard, un membre de l'équipe m'a raconté cette histoire très émouvante. Le soir du Maillot jaune, il avait frappé à la porte de Jean de Gribaldy. Et il l'avait trouvé en train de contempler, d'un air profondément abattu, ce maillot qui marquait le couronnement de sa carrière et qu'il avait étendu sur son lit. Interrogé par le soigneur interloqué, Jean lui avait répondu : « J'espère que l'autre con ne va pas le bloquer. » L'autre con, c'était moi ! Paradoxalement, cette terrible défaite, qui anéantissait tous nos espoirs, représentait aussi une sorte de victoire pour ceux qui, dans l'équipe, pourfendait le dopage. Mais c'était une amère victoire. Avec Kelly, nous avions tenté le tout pour le tout. Ce fut le tout pour rien.

Dans la grande saga de l'après-Tour, la fameuse tournée des critériums, je partais souvent avec deux grands coureurs belges. Nous partagions la même voiture pendant les trois semaines de tournée. Au cours de cette période sans foi ni loi, toutes les expériences étaient permises. Les cocktails les plus explosifs !

Les coureurs se regroupaient souvent à sept ou huit, parfois en plus petits groupes. Tout se passait en famille, comme était fixé en famille, plusieurs jours à l'avance, le résultat de la course. Après le déjeuner, on procédait souvent de la manière suivante : dans un grand flacon, chacun « donnait » un petit peu. Une ampoule de Pervitin, une ampoule de Tonedron, une ampoule de MD... Un pot commun en quelque sorte, qu'on mélangeait avant de « servir » équitablement en sous-cutané. On m'en gardait souvent une lichette pour que je fasse la route dans de bonnes conditions. Un jour, en Normandie, au critérium de Saint-Martin-de-Landelles, nous nous sommes retrouvés chez l'habitant en fin de matinée. L'épreuve, si l'on peut parler d'épreuve, avait lieu l'après-midi. Étaient présents un champion de France, deux vainqueurs du Tour de France, deux vainqueurs du Tour

LE POT DES FOUS

d'Espagne, deux champions du monde et un lauréat de... Châteauroux-Limoges.

Dix jours avant Paris-Bruxelles 1984, une course faite pour lui mais qu'il n'a curieusement jamais gagnée, Kelly est tombé malade. Une bronchite. Il s'est donc soigné à l'Éphédrine pendant une semaine, un excellent produit pour dégager les bronches mais qui avait le tort d'être détectable au contrôle. Sean a stoppé son traitement trois jours avant l'épreuve car même si les analyses n'étaient pas aussi pointues qu'aujourd'hui, il ne voulait prendre aucun risque.

À la fin de la course, qu'il a terminée troisième derrière Eric Vanderaerden et Charly Mottet, l'Irlandais a dû se soumettre au contrôle. Rien de bien fâcheux. On avait caché un flacon rempli de l'urine d'un mécanicien volontaire dans le cuissard du coureur, qui a réussi sans dommage à se jouer du contrôle. Pour les champions, on l'a déjà vu, c'était toujours plus facile.

Quelques jours plus tard, Kelly a reçu une lettre de la Fédération internationale l'informant qu'il avait été contrôlé positif sur Paris-Bruxelles. Le produit ? Du Stimul, à base d'amphétamines. Stupeur de l'Irlandais. J'ai mené ma petite enquête et le coupable a vite été démasqué : pour rester éveillé au volant de son camion, le mécanicien à la mémoire courte s'était un peu « chargé » ! L'Irlandais fut déclassé au profit d'Eric Van Lancker. Depuis, le mécano fait attention avant d'ouvrir son robinet.

Si le dopage était la règle, il y avait aussi de rares exceptions. Exceptionnelle, l'histoire qui suit l'est d'autant plus qu'il ne s'agit pas d'une course d'un jour mais d'un grand Tour de trois semaines, la Vuelta.

Éric Caritoux était arrivé sur le Tour d'Espagne 84 avec une seule année professionnelle derrière lui et des ambitions très mesurées, à l'image de sa formation, Sem France-Loire. Pas de leader, quelques jeunots pour essayer de réussir un coup sur une étape. Et pourtant. Une petite semaine avant la fin de l'épreuve, Éric a pris le Maillot amarillo. La performance était aussi inattendue qu'incroyable. Un petit exploit réussi à la barbe des équipes espagnoles qui n'avaient pas cessé de lui mettre des bâtons dans les roues. En dépit de l'adversité, Éric tenait le coup. Voyant que la Vuelta était sur le point de leur échapper, certaines équipes ont fait pression pour qu'il se couche. Coups tordus, propositions financières, menaces. Mais Éric, qui devait être protégé par des gardes du corps entre deux étapes, n'a pas cédé.

LE POT DES FOUS   123

Eh bien, difficile à croire, mais Caritoux n'a
jamais rien « pris » au cours de ce Tour d'Espagne. Rien si ce n'est des produits de récupération. Il a fini lessivé mais vainqueur. Comme
quoi...

Mais seuls les bambins demeurent sains, can-
dides et dénués d'arrière-pensées. Le temps de
faire leur apprentissage de la vie. Après, ils
deviennent des adultes. C'est un peu ce qui s'est
produit pour Éric. Difficile de rester un ange
dans ce milieu. Après son retentissant exploit, il
céda ponctuellement aux chants des sirènes. En
1986, alors leader de l'équipe espagnole Fagor,
il s'injecta un Kenarcort 40 pendant le Tour de
France. Jamais en revanche il n'en abusa. Il
n'avait recours à cette aide artificielle que lorsqu'il était en forme. Il « ciblait ».

IX

On aurait menti à Richard...

Le vendredi 24 juillet, mon petit déjeuner a eu du mal à passer. Je savais que Bruno Roussel avait reconnu devant le juge un système organisé de dopage et je n'étais plus le seul à porter le chapeau. Son avocat parisien, Thibault de Montbrial, avait finement joué depuis le début de l'affaire. En accord avec son client, il s'était tenu écarté de l'agitation médiatique, n'intervenant que par communiqué de presse. La veille, le juge avait accepté de me recevoir pendant trois quarts d'heure et je sentais qu'il me croyait. J'avais fait la connaissance de mon nouvel avocat, maître Bessis, qui avait déjà pris connaissance du dossier et déposé une demande de mise en liberté. Mais j'appréhendais les réactions de mes deux autres interlocuteurs : amis ou ennemis ?

À 8 h 30, on m'a embarqué avec les menottes dans une fourgonnette en compagnie de quatre détenus. Au palais de justice, nous sommes passés par la « souricière », à l'arrière de l'édifice. J'ai à peine eu le temps d'apercevoir l'essaim de journalistes qui tournoyait devant l'accès principal. Nous avons ensuite suivi un long couloir qui débouchait sur une grande cellule commune, la salle d'attente, en quelque sorte. Ils étaient bien une vingtaine à patienter là-dedans. C'est là que je l'ai revu. Il était assis sur un banc, les traits tirés, le regard absent. Ses yeux ont croisé les miens. J'y ai lu de l'étonnement. Le temps qu'il m'adresse un bref signe de tête, les deux policiers qui m'escortaient m'ont demandé de poursuivre mon chemin. Je n'avais pas revu Bruno depuis trois semaines.

Je me suis retrouvé au dixième étage, dans une pièce minuscule en face du bureau du juge Keil. L'un après l'autre, par la porte entrouverte, sont entrés Bruno Roussel puis Eric Rijckaert, avec les menottes aux poignets. Des années de connivence pour se retrouver dans ce silence oppressant. J'ai compris que pendant toutes ces années, nous avions joué avec le feu.

Ma période RMO, de 1989 à 1992, n'avait pas échappé à la règle. Mais là encore, les méthodes employées étaient très artisanales. Chaque coureur bidouillait de son côté, même si une nou-

velle ère avait été ouverte par le record de
l'heure de Francesco Moser, en 1984. Avec
51,151 kilomètres, il avait écrabouillé tous ses
prédécesseurs, pulvérisant la barre mythique
des cinquante bornes. La veille de son exploit,
l'Italien, qui avait délaissé pendant quelque
temps le vélo mais que le professeur Conconi
avait préparé, avait déjà réussi une performance
extraordinaire : 50,808 km/h. Quand je pense
qu'Eddy Merckx n'avait pas pu s'asseoir pendant quatre jours après ses 49,431 km/h d'octobre 1972, la performance laissait pantois. Bref,
l'Italie semblait posséder une longueur d'avance
sur nous, qui cherchions tant bien que mal à la
combler.

Chez les autres soigneurs, belges et français
notamment, la perplexité l'emportait. Si bien
que chez RMO, on poursuivait notre bonhomme
de chemin avec les produits déjà connus, mais
individuellement. Bernard Aguilanu, le médecin
de l'équipe, s'opposait en effet à tout usage de
substance artificielle, adepte d'un cyclisme sain
reposant sur la diététique.

Ce qui n'empêchait pas les dérapages. C'est
ainsi qu'à l'arrivée à Valkenburg du Tour 1992
– remportée par Gilles Delion, authentique
Monsieur propre –, j'ai surpris le leader de notre
équipe en train de discuter dans un salon feutré
de notre hôtel de Maastricht avec Raymond,

« son » soigneur belge des Six-Jours, un vieux de la vieille, mi-charlatan, mi-sorcier. Pascal Lino portait le Maillot jaune depuis Bordeaux (il allait le conserver jusqu'à Sestrières, soit dix jours au total). Mais en m'apercevant à son tour, Pascal a semblé gêné. À voir le sac plastique qu'il tentait tant bien que mal de cacher derrière ses jambes, la préparation habituelle à base de cortisone ne lui suffisait pas.

Après le dîner, comme j'effectuais mon traditionnel tour des chambres, j'ai retrouvé le contenu de ce sac déversé sur le lit de Lino.

— Mais qu'est-ce que c'est que tout ça ?

— Ah, écoute, ne le prends pas mal, mais « il » me donne parfois des petits trucs, rien de bien méchant.

Mais très ridicule. Certaines ampoules étaient marquées d'un point bleu, d'autres d'un point rouge, selon le « type d'efforts à produire » ! Raymond savait vendre ses salades.

Deux ans plus tôt, en 1990, la venue de Charly Mottet chez RMO avait pourtant contribué au rejet du dopage. Leader de l'équipe, et Dieu sait si un leader conditionne les autres coureurs, il ne voulait rien entendre à ce sujet. Une anecdote reflète bien sa position intransigeante. Un coureur nous avait invités à son repas de mariage.

Lieu choisi, grandes tables rondes superbement apprêtées, service de grande classe, menu haut de gamme, tout le tralala, quoi. À ma table se trouvaient entre autres Charly, alors patron de l'équipe de France, et un ancien coureur. Le bon vin aidant, ce dernier se livra à quelques confidences sur ses glorieuses années. Et que je m'ingurgitais des amphétamines par paquets, et que je me trouais la peau comme du gruyère, et que je me chargeais comme pour partir à la guerre... Pauvre Charly : d'abord gêné, il s'est éclipsé en plein repas.

Lorsqu'il est arrivé chez nous en provenance de Système U, nous ignorions presque tout de lui. On savait qu'il avait le potentiel d'un vainqueur du Tour de France mais rien des moyens à mettre en place pour y parvenir. C'est au fil des courses, des repas et de soirées que nous avons découvert à qui nous avions affaire. Ce type était sain. Un apport en fer et des intoxicants (de l'Iposotal) en intramusculaire, c'était tout. On peut vraiment dire de Mottet qu'il a été une victime du dopage tout au long de sa carrière. Du dopage des autres. S'il avait usé de produits de récupération, ne serait-ce que ponctuellement, il aurait considérablement étoffé son palmarès, déjà remarquable. Qui sait s'il n'aurait pas gagné le Tour, lui qui était réputé flancher dans la dernière semaine ?

Dans les quelques occasions, très rares, où il a suivi un traitement au Medrol, un anti-inflammatoire contenant un peu de corticoïdes, pour dégager ses sinus, il pétait le feu ! Lui s'en servait, exceptionnellement, pour se soigner quand d'autres l'utilisaient, régulièrement, pour se doper. Oui, vraiment, Charly n'a pas fait la carrière qu'il méritait.

C'est à la même époque que j'ai rencontré celui avec lequel, en huit saisons passées ensemble, j'allais tisser mes plus solides liens d'amitié. Des liens encore plus forts, pratiquement ceux d'un père avec son fils. Des liens que je croyais indestructibles, inaltérables parce que nés dans l'insouciance, le succès, la bonne humeur. À force de courses, de massages, de bouffes, nous nous étions rapprochés l'un de l'autre. Nous marchions main dans la main, côte à côte, pied à pied. Il s'appelait Richard, et n'était pas le Virenque qu'on découvrit dans les années Festina. Encore moins celui qu'on connaît aujourd'hui. La vie peut vous réserver de mauvaises surprises.

C'est au Japon, lors du championnat du monde amateur de Utsunomiya, en 1990, que Richard Virenque tapa dans l'œil de... Marc Braillon. Bien qu'il ait engagé son entreprise dans le cyclisme en 1986, notre cher patron n'y connaissait rien, mais le punch, même désordonné, de Richard, l'avait emballé. Au point qu'il somma Bernard Vallet, alors directeur sportif de RMO, d'embaucher ce jeune homme au tempérament fougueux. Guère convaincu, Vallet dut pourtant s'y résoudre.

Je me souviens de notre première rencontre, fin février 1991, avant le Tour du Haut-Var. Nous étions installés dans un hôtel de Draguignan. Il a débarqué au volant d'une Golf noire avec, sur la plage arrière, deux énormes enceintes qui hurlaient. Une vraie discothèque ambulante. Je l'ai regardé sortir avec ses cheveux ébouriffés et sa démarche à la John Wayne. Je ne sais pas pourquoi, mais il m'a plu tout de suite. Gentil garçon, plutôt timide ; un peu frimeur d'accord, pas mal flambeur aussi car il n'était pas le dernier à profiter de la vie, mais nature. Jamais de sieste. Toujours à discuter, à bricoler, sa voiture ou ses chaussures. À tel point que l'équipe dirigeante devait parfois le sermonner. Il n'avait pas honte de poser des questions dont les réponses tombaient sous le sens. Pourquoi on montait un braquet de 52 et non de 53, pourquoi telle pommade, pourquoi tel programme de courses... Et il écoutait le mécano, le masseur, le directeur sportif, ce qui ne le rendait que plus attendrissant. Car il voulait tellement apprendre, approfondir son nouveau métier, corriger ses défauts, progresser. Il réagissait comme un enfant qui commence à parler. Notre complicité a grandi tout naturellement. Et j'en suis vite venu à m'occuper de lui. Progressivement, nous sommes devenus inséparables sur les courses.

Année après année, à tous les niveaux, Richard Virenque a réalisé des progrès spectaculaires. Dommage que son esprit tactique n'ait pas suivi le mouvement.

Avec nos vingt-quatre ans de différence, nous nous comportions peu ou prou comme un père et un fils. Il m'écoutait beaucoup, on se frictionnait parfois. Même lorsque la virenquemania s'est emparée de la France entière, lorsqu'il est devenu une star, jamais je ne l'ai considéré comme tel. Et il l'admettait. Parfois, lors de la tournée des critériums, grisé par sa popularité, il perdait les pédales. Je lui expliquais alors que, des Virenque, j'en avais eu d'autres. En 1996, sur le Grand Prix d'Isbergues 1996, il m'a « pourri » pour un bidon que je ne lui avais pas transmis pendant la course. Il ignorait qu'il était interdit de passer à boire pendant le dernier tour de circuit. Après son engueulade en public, nous nous sommes expliqués dans les douches. « Tu ne sais toujours pas, après cinq ans chez les pros, qu'on ne peut pas refiler un bidon dans le dernier tour ? La prochaine fois, tu te le prendras en pleine tête, OK ? » Il a compris mon coup de sang. Richard restait, quoi qu'il advienne, un bon mec.

Nous nous respections mutuellement, même s'il ne savait rien de mon cursus et des grands champions que j'avais soignés. Ce n'étaient pas ses seules lacunes. Un jour, sur une course, un coureur l'a salement engueulé parce qu'il attaquait sans cesse. Après la course, Richard était venu me voir en me parlant d'un « petit brun de chez Carrera, le dossard 32 », qui n'avait pas l'air commode. Il s'agissait de Claudio Chiappucci. Et « El Diablo » ne lui en garda pas rancune, appréciant un caractère de feu qui, finalement, ressemblait un peu au sien.

Une fois allongé sur une table de massage, Virenque redevenait toujours Richard. Il me confiait beaucoup de choses. Ses coups de blues, ses projets, ses envies. C'était d'autant plus enivrant que beaucoup se réalisaient. Comme sa superbe villa avec piscine à Carqueiranne, comme la Porsche noire, sa toute première. Quelquefois, il était le premier étonné par son succès. « Willy, je me demande parfois si tout ça est bien à moi. » Il était spontané, sensible. C'est aussi pour toutes ces qualités que je l'aimais bien, Richard. Et c'est pour toutes ces raisons que son comportement après mon arrestation m'a tellement blessé.

Avait-il oublié sa rencontre avec le dopage, en 1993, pendant sa première année chez Festina ? Nous étions alors sur le Critérium international, un triptyque sur deux jours, composé d'une course en ligne le samedi, d'une course de côtes le dimanche matin, et d'un contre-la-montre individuel l'après-midi. Le samedi, Richard a terminé quatrième, performance très encourageante pour la suite des événements. « Ce soir, je veux faire un truc », m'a-t-il lancé, enthousiaste, lors de la séance de massage. « Attention Richard, tu n'as jamais rien pris. On ne sait pas comment ton corps va réagir. » Il fallait commencer doucement. Aussi avons-nous décidé d'un commun accord de lui injecter une demi-ampoule de Synacten Immédiat le dimanche matin, une heure avant le départ. Pour voir. Nous avons vu. Richard est arrivé hors délai. Il a banni ce produit de sa panoplie.

Comme disait toujours mon père, « un cochon, tu lui coupes la queue, il ne devient pas un mouton ». Je me rappelle une réflexion de Marc Madiot en 1991, l'année où le Mayennais, coureur chez RMO, remporta son deuxième Paris-Roubaix. Richard Virenque n'était alors qu'un néo-professionnel qui fourrait son nez partout, tant la curiosité et l'envie de faire comme les grands le démangeaient. Lors du stage de début de saison, à Gruissan, au milieu de coureurs comme Lino et Caritoux, Madiot lui avait lancé : « Toi, mon gars, un jour tu finiras chaudière », c'est-à-dire, en termes moins hermétiques, un accroc du dopage.

À l'époque de RMO, le dopage n'avait pas ouvertement droit de cité. Pourtant, les quelques « unions » dont j'avais été le témoin au fil des mois avaient produit des résultats. Sur un Paris-Nice, un bon petit coureur s'était essayé à la cortisone par injection. Jusqu'alors, il n'avait touché à rien. Un type propre. Bien placé au classement provisoire, il a demandé du Kenacort afin de gravir dans des conditions optimales le col d'Eze, un contre-la-montre individuel qui concluait l'épreuve. Le dimanche soir, il figurait parmi les cinq premiers au classement général final. Pourtant, à ma connaissance, ce fut la première et dernière fois qu'il céda à la facilité.

Paris-Nice toujours : à deux jours de l'arrivée, un autre coureur avait terminé l'étape complètement fourbu. Il cherchait le meilleur moyen de se remettre d'aplomb. Le soir, son masseur et lui-même décidèrent d'utiliser une injection intramusculaire de Syncortil, une hormone corticosurrénalienne dont l'action était, semble-t-il, « plus subtile » que les autres corticoïdes. Pour aider au démarrage, pourrait-on dire. La réponse du lendemain dépassa les prévisions puisqu'il marcha comme un avion avant de s'adjuger l'étape dont l'arrivée était jugée en bosse. L'heure était à la liesse, et ce n'est pas la perspective du contrôle médical qui allait entacher cette douce euphorie.

Une rumeur venait cependant de gagner le peloton : on pouvait désormais déceler les corticoïdes dans la caravane antidopage. La rumeur était abracadabrante, mais le soigneur, manifestement embêté, m'a rendu visite dans le camion où je préparais le ravitaillement du lendemain.

– Willy, tu sais, pour Heulot, je lui ai filé du Syncortil.

Je lui ai ri au nez.

– Mais ne t'inquiète pas ! C'est bon, ça ne se trouve pas.

Il n'était pas convaincu. Se croyant pris au piège, il est allé prévenir Jacques Michaud, alors le directeur sportif. Qui a transmis le message à Bernard Aguilanu, le médecin de l'équipe ! Ce dernier a fait remonter l'information à Marc Braillon, le grand patron, en demandant une sanction, car il avait déjà des doutes sur les pratiques de ce soigneur. La transmission avait un peu forcé le trait et Braillon apprit que Heulot avait été chargé comme une mule, ce qui était pourtant loin d'être le cas. Le soigneur fut viré. Le coureur passa sans encombre le contrôle antidopage et poursuit toujours sa route.

Pour avoir travaillé exclusivement avec des équipes professionnelles, je ne savais pas exactement ce qui se passait dans les étages inférieurs. Mais quelques péripéties m'ont permis de m'en faire une idée, je crois, assez exacte. Au début des années 90, lors d'un Tour du Vaucluse, une épreuve open qui mêlait les professionnels aux amateurs (on dit maintenant Élite 1 et Élite 2), j'avais sympathisé avec un jeune coureur qui souhaitait faire bonne figure dans la course. Il m'avoua avoir pris du Decca-Dorabulin, un anabolisant qui reste des mois dans l'organisme et qu'il s'était injecté... trois jours avant le départ ! Manque de chance, son nom fut tiré au sort pour le contrôle antidopage, où il se rendit la mort dans l'âme. Que croyez-vous qu'il arriva ? Rien ! Il n'eut jamais de nouvelles de son échantillon d'urine. Il est douteux qu'il ait bénéficié d'une protection. C'est donc que la fiabilité des contrôles était loin d'être assurée.

En tout cas, l'époque comme les enjeux incitaient à la fraude. Surtout à l'orée du Tour de

France. Dans chacune des équipes sélectionnées, une vingtaine selon les années, composée de neuf coureurs chacune, on connaissait peu ou prou un mois auparavant les deux tiers de l'effectif qui participerait à l'épreuve. Les quelques places vacantes faisaient alors l'objet d'une folle concurrence entre les prétendants, la marge étant étroite entre les possibles et les probables. Ces coureurs se dopaient à outrance sur les courses du mois de juin pour séduire leur directeur sportif et entrer dans la sélection. Pendant le Midi Libre, la Route du Sud, le Tour du Luxembourg, le Tour de Catalogne, le Tour de Suisse et même lors des championnats nationaux, date butoir pour emporter la décision, les « chaudières » carburaient à plein régime.

Mais le revers de la médaille était tout aussi spectaculaire. Car les effets des substances dopantes allaient decrescendo. Ceux qui s'étaient démenés comme de beaux diables pour arracher leur sélection voyaient leurs ailes se replier progressivement dès la première semaine du Tour de France. C'est ce qu'on appelle l'effet boomerang. En voici une autre illustration, où le retour de bâton a failli faire de nombreuses victimes « innocentes ». Un coureur français, réputé pour sa hargne en course mais adorable en dehors, laissait rarement passer son tour dès qu'il s'agissait de plonger dans la marmite. Les « amphét » décuplaient sa rage. Un jour, sur une course à étapes, il a provoqué une échappée d'une demi-douzaine de coureurs. Le groupe avait beau prendre du champ, notre homme invectivait de plus belle ses compagnons pour qu'ils creusent l'écart. Afin de les inciter à prendre l'initiative, il se mit à freiner brusquement, à plusieurs reprises. Dans la voiture suiveuse, j'assistais à ce spectacle effarant : un coureur échappé et vociférant qui menaçait la sécurité du groupe ! Il avait vraiment dû abuser...

Abus ou pas, l'essentiel était toujours de ne pas se faire coincer aux contrôles. La mésaventure survenue à un bon coureur français sur une classique de printemps témoigne des incertitudes qui régnaient en ce domaine. Dans cette affaire, je me suis toujours senti un peu coupable. Quatre jours plus tôt, un mardi, nous nous étions parlé au téléphone. La motivation du coureur était en sourdine, d'autant que les mauvaises conditions climatiques annoncées pour sa longue sortie du lendemain ne favorisaient pas son allant. Sur le ton de la plaisanterie, je lui avais alors suggéré de se mettre une lichette d'amphétamines afin que les sept heures d'entraînement passent mieux.

Il s'exécuta et m'avoua que l'entraînement avait été une vraie partie de plaisir. Mais sa course du samedi ne fut pas à la hauteur de ce regain. Pire, il fut tiré au sort pour se soumettre au contrôle antidopage. En principe, sa prise remontant à trois jours, il ne risquait rien. Il fut contrôlé positif. Son organisme n'avait pas éliminé les amphétamines comme prévu. Ce coureur fut sanctionné. S'il avait uriné puis beaucoup bu avant de remettre son flacon, il serait probablement passé à travers.

Pour clore le chapitre RMO, le plus bel exemple de tricherie qu'il m'ait été donné de voir. Catégorie escroquerie internationale. Fin de l'année 1992. Marc Braillon, qui s'investit depuis sept ans dans le cyclisme, est à la recherche d'un repreneur pour son équipe. Cet oiseau rare capable de reprendre en bloc sa formation cycliste, il croit l'avoir trouvé en la personne du prince Icham. Du moins est-ce ainsi que ce monsieur se fait appeler.

Marc Braillon s'était déjà attaché les services d'un conseiller en psychologie. Fasciné par le personnage, il l'appelait le plus sérieusement du monde son « futurologue » ! Notre avenir était entre de bonnes mains... Ce futurologue qui prétendait détenir un « passeport pour le troisième millénaire » (tout un programme) travaillait déjà avec les cadres de l'entreprise RMO. Braillon demanda à celui qu'il appelait également son « gourou » d'appliquer ses méthodes sur les cyclistes. M. Gourou fit d'abord changer la couleur des voitures et des vélos. Autrefois blanc, vert, noir, ils devinrent rouge et noir. Soi-disant pour terrifier l'adversaire ! Mais c'est à nous qu'il faisait peur... M. Gourou eut aussi la bonne idée d'organiser un stage en Ardèche. Pas de douche, pas de chiottes et des conditions de vie extrêmes. C'en était trop. Les coureurs, Charly Mottet en tête, mirent le holà avant d'avoir à ramper sur un tapis d'orties.

Cette fois, avec le prince Icham, nous passions des campements de marines aux oasis du Sahara... mirage compris. L'apparition exotique de ce personnage sorti de nulle part suscita d'abord quelques railleries. Pour d'obscures raisons, il souhaitait ardemment devenir le mécène d'une équipe cycliste professionnelle.

L'arnaque prit corps à Luxembourg, à la veille du départ du Tour de France. La réputation de philanthropie du prince l'avait déjà précédé quand, une demi-heure avant le dîner, on réunit toute l'équipe dans un salon privé de l'hôtel où nous résidions. Et le prince Icham, arrivé dans son hélicoptère, nous apparut dans toute sa splendeur, coiffé d'un turban et escorté par une escouade de gardes du corps. À ses côtés, Marc Braillon était aux anges. Pensez donc : un prince. À 19 heures précises, tout le monde se retrouva pour un apéritif offert par le prince. Marc Braillon, assisté de son directeur sportif, Jacques Michaux, nous présenta alors un par un à notre sauveur, qui parlait fort bien le français et remit à chacun de nous un stylo de grande marque. L'opération séduction débutait.

Elle se prolongea par un discours bref mais plein de promesses. Il allait bel et bien racheter l'équipe dans sa totalité. Quelques curieux posèrent des questions. Ils voulaient connaître le nom du sponsor.

– Oh ! Je possède tellement d'entreprises, j'ai tant de possibilités que ma décision n'est pas encore arrêtée.

Le prince Icham et ses hommes de main réapparurent à l'Alpe-d'Huez. Là encore, la visite fut courtoise et très encourageante. Et pour marquer la fin du Tour, il décida d'organiser une grande soirée sur une péniche en bord de Seine. Champagne à gogo et grosse fête jusqu'à l'aube. En dépit de « la » réponse qui tardait, nous restions subjugués.

Le sommet de cette rocambolesque histoire eut lieu le mois suivant. Peu avant le Tour de Limousin, toute l'équipe RMO, personnel compris, soit une quarantaine de personnes, fut invitée avec famille et bagages dans un château belge, tout près de Charleroi. Jacques Michaux, notre directeur sportif, nous expliqua que le prince Icham annoncerait officiellement la reprise en main de l'équipe au cours d'un luxueux raout...

Sur ce dernier point, nous ne fûmes pas déçus. La réception fut impressionnante. Un type en costard nous demanda notre carton à l'entrée du portail, un flingue sous son veston ! Dans l'enceinte, des Mercedes étaient garées un peu partout. À l'intérieur du château, sublime, tout respirait l'opulence. L'apéritif, buffets de caviar, foie gras, fut servi sous une tente, et le déjeuner par des domestiques en livrée. Avec des couverts en or ! Je n'avais jamais vu ça. Le repas dura sept heures...

En babouches et djellaba, le prince Icham faisait le tour des tables. Tout le monde avait droit à sa petite attention. Sylvie, ma femme, était assise à côté de l'épouse de Bruno Roussel. Au cours de la conversation, elles découvrirent qu'elles étaient nées la même année, en 1962. Le prince Icham avait été témoin de la scène et le sommelier arriva avec un grand cru de 1962. L'après-midi se termina par le concert d'un groupe de musiciens bulgares. Aux premières loges, confortablement assis dans de lourds fauteuils de velours rouge, le prince Icham et Marc Braillon savouraient leurs cigares.

Mais l'essentiel se faisait toujours attendre. En début de soirée, le prince prit la parole devant un parterre ébloui mais se contenta de renouveler ses promesses. Comme plusieurs coureurs, Mottet en tête, voulaient obtenir des garanties, le prince, nullement froissé ou décontenancé, assura qu'il prendrait à sa charge les derniers salaires de l'année en cours. Le palais avait été ravi mais le tout finissait sur ce drôle d'arrière-goût.

Quelques semaines plus tard, on découvrit dans les journaux que le fameux prince était en réalité un escroc d'envergure internationale. Ce qu'on savait moins, c'est que ce prétendu prince avait convaincu Marc Braillon de lui avancer cinq millions de francs qui, assurait-il, lui permettrait de débloquer sur des comptes étrangers les cinquante millions promis pour la reprise de l'équipe. Le prince s'était volatilisé. Et bien des illusions avec lui.

X

X, Z, P, et la « spéciale » chrono...

Le 24 juillet, je suis entré le premier dans le bureau du juge, accompagné par maître Baron. La greffière attendait déjà derrière sa petite machine. Bizarrement, j'étais confiant. La veille, le juge m'avait promis que je serais relâché au terme de la confrontation.

C'est à ce moment que j'ai vraiment découvert mon nouvel avocat, Jean-Louis Bessis (prononcez Bessisse). Son nom me faisait sourire... « à l'insu de son plein gré ». Il m'évoquait la moitié d'une ampoule de B12, les vitamines ! Mais question énergie, il était plutôt B24 ! Il a mis le feu à la confrontation, posant les bonnes questions et mettant en lumière le fait que les vrais responsables étaient absents.

Nous étions assis en rang d'oignons devant le magistrat. De gauche à droite, maître Baron, moi-même, maître Bessis, maître Thibault de Montbrial, l'avocat de Roussel, Bruno Roussel, maître Demarcq, l'avocat de Rijckaert, Rijckaert, l'enfilade des chaises étant encadrée par deux gardiens. À la gauche du juge se tenaient le procureur, un interprète franco-flamand, le deuxième avocat de Rijckaert et la collaboratrice de maître Bessis. Voilà, le décor était planté. Il n'y avait plus qu'à entrer sur scène. L'occasion était belle, peut-être unique, de tout déballer, très au-delà de l'affaire Festina, dans le secret de ce bureau mais aussi à l'extérieur. Car la différence tenait en deux petits points : j'avais eu le tort de me faire pincer à un poste frontière et Roussel celui d'assumer ouvertement sa responsabilité. Pour le reste, toutes les équipes se ressemblent peu ou prou. Elles ne sont plus composées de sportifs mais de professionnels recourant à tous les expédients pour le rester.

L'atmosphère était bigrement tendue. Pour passer plus de temps ensemble qu'avec nos familles respectives, Rijckaert, Roussel et moi-même étions devenus très proches. Mais la situation changeait la donne. Difficile de se défendre en ménageant l'amitié. Le juge a commencé à lire lentement nos déclarations respectives en nous demandant simultanément notre avis. Nous devions répondre par oui ou par non et, le cas échéant, développer. J'étais entièrement d'accord avec la déposition de Roussel. D'ailleurs, au cours de cette confrontation,

Bruno et moi n'avons trouvé aucun sujet d'affrontement. Il avait reconnu les faits, sa responsabilité, il avait confirmé que ma place était située tout en bas de la hiérarchie. En revanche, la version d'Eric Rijckaert ne pouvait que nous faire réagir, tous les deux. Ce matin-là, Rijckaert a affirmé que son rôle était de contrôler la santé des coureurs ; qu'il n'avait jamais rien administré aux coureurs ; que j'étais celui qui distribuait et injectait les produits ; en clair, qu'il ne savait rien de ce qui se tramait. Roussel et moi avons réfuté ses propos mais il n'a pas voulu en démordre. Il a même prétendu agir comme bénévole au sein de l'équipe. J'aurais aimé être un bénévole à trente-six mille francs belges (six mille francs français) par jour de travail. À cent jours de présence par an, le compte était vite fait. Le juge l'a fait pour lui. « Pas mal, pour un bénévole », a-t-il constaté. Festina payait même au médecin ses vacances de fin d'années, ce que Roussel a confirmé devant Patrick Keil. Au milieu de cet imbroglio, Rijckaert a commencé à me parler en flamand. Je l'ai aussitôt interrompu, ne voulant pas laisser penser que nous préparions une embrouille. J'avais déjà la tête sous l'eau, je n'avais pas l'intention de me noyer.

À la fin, le juge m'a demandé de rester avec mes deux avocats. Je m'attendais à tout. « Monsieur Voet, je vous confirme que vous pouvez rentrer chez vous, à partir de seize heures. Mais vous resterez placé sous contrôle judiciaire. » Je n'en croyais pas mes oreilles. Comme s'il m'annonçait que je venais de gagner au loto. J'ai bafouillé un mot de remerciement tout en signant le mandat de sortie qu'il allait faxer au directeur de la prison de Loos. Peu m'importait de regagner ma cellule en fourgon cellulaire, peu m'importait le contrôle judiciaire, je n'avais plus de menottes. J'étais libre. Libre et libéré à la fois. Bruno Roussel m'avait dédouané. Il m'avait d'ailleurs glissé un mot : « Willy, excuse-moi, mais je ne pouvais pas faire autrement. » Il était tout pardonné. Le premier réflexe de quelqu'un sur qui s'abat une catastrophe est de se protéger. Je ne pouvais pas oublier son sens du devoir et sa sensibilité. Une communion, une maladie et il nous accordait illico quelques jours de congés pour nous rendre auprès de nos familles. Et plus que tout, il me respectait, moi et mes trente années de cyclisme, lui qui n'en avait pas le tiers. Bruno Roussel ne pouvait pas oublier non plus notre passé commun. Son passé.

Au cours de l'hiver 1992-1993, j'avais approché en vain plusieurs directeurs d'équipes, dont Jean-Luc Vandenbroucke et Bernard Quilfen, le bras droit de Cyrille Guimard chez Super U. J'avais finalement intégré l'équipe Festina par le truchement de Pascal Lino. Mais il m'avait fallu patienter un gros mois. Peu de temps avant Noël, les dirigeants de la société horlogère nous avaient tous rassemblés, coureurs et personnel d'encadrement, une cinquantaine de personnes au total, dans un hôtel andorran. Nous faisions le pied de grue dans un couloir avant de passer un par un devant Miguel Rodriguez, le grand patron, et Miguel Moreno, le directeur sportif. La signature des coureurs étant prioritaire, le défilé s'éternisa jusqu'à 4 heures du matin. Et l'on invita ceux qui n'étaient pas encore passés une quinzaine de jours plus tard, en début d'année 1993. Après les tribulations vécues avec le prince Icham, nous n'en menions pas large. Mais ici, pas de Mercedes ou de somptueuses réceptions pour nous jeter de la poudre aux yeux. Finalement, tout se régla lors du second voyage en Andorre.

L'équipe Festina était vraiment cosmopolite. Elle se composait alors de trois groupes : le premier était issu de RMO (Virenque, Lino, Vermote, Roussel et moi-même, pour l'essentiel) ; le deuxième émanait de l'équipe hollandaise PDM (Rooks, Van Poppel, Van Lancker, Koerts et le docteur Rijckaert, qui avait interrompu son activité) ; le dernier, principalement espagnol, aux racines de la formation, était emmené par... l'Irlandais Sean Kelly. Quelle pelote de laine ! Et bonjour les atomes crochus. Quelle complicité pouvait naître entre Rooks, né dans le Friesland, et Roberto Torres, un enfant de la banlieue de Madrid ? Entre le Hollandais Jan Giesberts, patron des directeurs sportifs, et ses adjoints, Miguel Moreno pour les épreuves espagnoles, Bruno Roussel pour la France ? Roussel, qui avait été embauché en dernier, à la demande pressante des coureurs français, dont Virenque, ne pointait d'ailleurs qu'en quatrième position puisque Giesberts avait pour bras droit son compatriote Piet Van der Kruis.

Comme elle avait pour objectif les courses par étapes de fin de printemps, Critérium du Dauphiné et Midi Libre notamment, avec vue sur le Tour, la branche française ne se mêlait pas aux coureurs bataves, qui préparaient pour leur part les classiques de début de saison. Mais, au début juin 93, sur le Critérium du Dauphiné, quelques Hollandais se sont joints au noyau français pour que la mayonnaise prenne avant le Tour, l'objectif majeur de la saison. Steven Rooks, Jean-Paul Van Poppel et le docteur Eric Rijckaert en faisaient partie.

Nous arrivions de chez RMO avec nos petites préparations de corticoïdes. Je n'ai pas tardé à comprendre qu'il s'agissait d'un arsenal bien modeste comparé à ce qui allait se mettre en place. Quelques jours avant le début de l'épreuve, Rijckaert a tenu à me mettre au parfum de certaines « dispositions » qui avaient cours dans le clan hollandais. Il avait besoin d'un homme de confiance pour répercuter ses conseils. Parlant flamand, j'étais l'homme idoine. C'est ainsi que la vague idée que j'avais de l'EPO s'est précisée. Les coureurs hollandais y avaient recours depuis l'année précédente et Rijckaert m'a expliqué ses effets, bénéfiques et néfastes. Et, surtout, comment procéder. À vrai dire, il s'interdisait d'être impliqué dans l'approvisionnement, laissant les coureurs se débrouiller eux-mêmes pour s'en procurer. Ils se débrouillaient plutôt bien.

Il en a également parlé à Bruno Roussel, qui a d'abord manifesté son opposition. Roussel était un partisan de la préparation progressive des coureurs et l'arrivée de l'EPO mettait à mal ses convictions déontologiques. Mais il a dû se rendre : voulait-on courir pour suivre ou courir pour rivaliser, voire gagner ? Devant l'ambition de l'équipe, la crainte de se sentir ridicule, Roussel ne pouvait résister longtemps. Le ver était dans le fruit.

Le réalisme rattrapa, puis enterra l'éthique lors du départ du Tour, début juillet, au Puy-du-Fou (en quelque sorte notre « Pot du Fou »).

Avant même d'arriver en Vendée, les coureurs sélectionnés savaient que l'EPO serait au rendez-vous. Un baptême du feu. Les Français de l'équipe, Lino, Virenque ou Dojwa, étaient tout excités par cette perspective, d'autant que les doses étaient gratis, entièrement à la charge de l'équipe. Surtout Dojwa, qui souffrait de bronchite. À grand renfort d'antibiotiques injectables, il dut utiliser plus d'EPO que les autres pour contrer l'infection virale.

Le clan français ignorait totalement le circuit qu'emprunterait l'EPO pour parvenir jusqu'à lui. L'impatience gagnait du terrain puisque rien n'était encore arrivé à quarante-huit heures du grand départ, alors que les coureurs passaient déjà la visite médicale d'usage. Pour faire patienter ses coureurs fébriles, Bruno Roussel téléphona en Espagne. Le combiné reposé, il nous rassura : « Ça arrive demain par avion. »

Effectivement, la livraison d'une centaine de doses s'opéra au jour dit. Rijckaert devint plus précis. Le même jour, les coureurs se firent faire une prise de sang dans un laboratoire de Cholet. En fonction du taux hématocrite de chacun, nous compensions. La limite des 50 p. 100 fixée par l'Union cycliste internationale n'était pas encore en vigueur (elle n'interviendrait que quatre ans plus tard), mais Rijckaert ne souhaitait pas, pour limiter les risques, dépasser 54 p. 100. Les coureurs eurent d'abord le droit à des doses journalières de 2 000 unités. Des quantités raisonnables, selon Rijckaert. Puis on passa à une injection tous les deux jours jusqu'à une petite semaine de l'arrivée à Paris. Il était inutile de poursuivre le traitement au-delà, puisque ses effets sont à retardement.

L'après-midi de la journée de repos en Andorre, pendant la sieste, j'œuvrais comme toujours dans la chambre que partageaient Richard Virenque et Jean-Philippe Dojwa. J'avais installé des perfusions intraveineuses de protéines, pendues à des crochets, afin qu'ils se requinquent. Parce que épaisse, la dose devait s'écouler tout doucement dans le bras, quarante gouttes par minute, ce qui prenait plus de deux heures au total.

Soudain, le manager de l'équipe, Joël Chabiron, a fait irruption sans frapper. Le problème, c'est qu'il était accompagné d'un journaliste espagnol ! Branle-bas de combat ! Car nous savions que dans cette perfusion de protéines, réglementaire, le journaliste n'aurait vu qu'une course au dopage. Je me jetais sur la porte, la bloquant avec mon pied, et je lui expliquais que le médecin était en train d'examiner les coureurs. Mais Chabiron ne voulait rien savoir ! Pris de panique, Virenque se carapata dans la salle de bains, emportant à bout de bras la perfusion. Il ne savait pas qu'elle doit être maintenue verticale pour que la pression facilite l'écoulement. L'effet de refoulement fut immédiat. Son sang partit comme une vague dans la perfusion, ajoutant à son désarroi. Heureusement, dans l'intervalle, Joël Chabiron avait compris sa méprise. Après avoir fermé la porte, j'ai remonté la perfusion et le cycle a repris son cours, devant un Dojwa qui pleurait de rire...

Les Festina ont terminé le Tour avec une victoire d'étape (Lino à Perpignan) et une quinzième place pour Jean-Philippe Dojwa, premier Français au classement final. Le bilan manquait de répondant. Nous nous y étions pris trop tardivement pour espérer faire mieux, parce que, en compétition, le taux hématocrite augmente difficilement.

Quelques mois plus tard, en septembre 1993, Pascal Hervé a signé avec notre équipe son premier contrat professionnel. Ancien champion de France amateur connu pour sa vaillance, le Tourangeau avait enfin l'occasion de franchir le pas. Entre la modeste Chazal de Vincent Lavenu et l'ambitieuse Festina de Bruno Roussel, il n'hésita pas longtemps.

Une fois présenté à l'équipe, Hervé n'y est pas allé par quatre chemins en me serrant la main.

– Écoute, j'ai vingt-neuf ans, autant dire que j'ai quatre ou cinq ans pour gagner de l'argent chez les professionnels. Je viens de le dire au docteur et je te le redis : il ne faut pas regarder à une piqûre près. Je sais comment ça fonctionne, je connais le système. Avec moi, il ne faut pas se poser la question.

Il avait le mérite d'être clair.

En avant-première de la saison 1994, l'équipe au complet était rassemblée pour un stage préparatoire à Gruissan, fin janvier. Tout le monde s'est retrouvé à l'hôtel *Le Corail*, sur le port. Le staff dirigeant – Bruno Roussel, Miguel Moreno, Michel Gros, Joël Chabiron et les docteurs Eric Rijckaert et Fernando Jimenez – nous avait regroupés dans un salon. L'ordre du jour était attendu : la mise en place du système de dopage ainsi que son financement. Bruno Roussel, qui n'avait pas dormi depuis deux nuits, a pris la parole : « J'ai vu ce qui se trame dans le cyclisme. Aussi, plutôt que de déplorer un accident, nous avons décidé d'appliquer ce suivi et vous êtes invités à prendre en considération les recommandations du docteur Rijckaert. »

Cette décision, qui concernait l'EPO et une nouvelle venue, l'hormone de croissance, n'a surpris personne. Les coureurs dans leur ensemble étaient chaudement partisans d'une telle organisation. Il fut convenu qu'en fin de saison, la consommation de chacun serait retenue sur ses primes et gains de course partagés au prorata des participations. L'équipe avancerait les fonds, cinq cent mille francs environ. Tous les gains étaient centralisés, puis répartis par Joël Chabiron.

Un gros consommateur pouvait ainsi se voir retenir quatre-vingt mille francs sur ses primes. Il faut savoir par exemple que la saison 1997, particulièrement faste, a drainé au moins quatre millions de francs de gains. Une fois déduits les 15 p. 100 revenant au personnel (soit six cent mille francs), il restait encore trois millions quatre cent mille francs à partager entre vingt-deux coureurs. Ils n'étaient pas perdants. C'est ce système que la presse, pendant le Tour 1998, baptisa notre « caisse noire ».

Cette organisation fut toutefois remaniée un an plus tard, à la même période et dans le même hôtel. Nous avions constaté que les petits coureurs pouvaient difficilement s'offrir de tels produits – quatre cent cinquante francs pour une ampoule d'EPO, cinq cent cinquante francs pour une dose d'hormone de croissance – alors qu'ils œuvraient pour le bien collectif. À la demande de Virenque et de Hervé, principalement, on vota à main levée pour que toutes les consommations soient désormais partagées équitablement. La décision fut acquise à la quasi-unanimité (Bassons, Halgand et Lefèvre, qui ne se sont jamais dopés, n'étaient pas encore chez Festina). Les néo-professionnels, bien que présents, n'étaient pas concernés par ce partage, et les quelques grincheux n'avaient qu'à se plier à la loi du plus grand nombre. Cette nouvelle disposition suscita quelques abus, les coureurs modestes en utilisant plus que nécessaire. Il faut dire que le pactole avait augmenté, atteignant les six cent mille francs. Si bien qu'en 1996, Virenque et Hervé, bien secondés par Dufaux, préférèrent qu'on en revienne au système établi deux ans plus tôt. Dufaux, qui venait de l'équipe Once, n'avait nullement été surpris par notre organisation, de même que tous les autres coureurs qui arrivaient de la formation espagnole : Hodge (1995), Stephens (1997) et Zülle (1998). Ils ne nous apprenaient rien qu'on ne savait déjà, seuls variaient les modes de financement. D'ailleurs, entre soigneurs, il nous arrivait de nous dépanner. Avec certains collègues, chez Lotto par exemple, il n'était pas rare qu'on s'échange une ampoule d'hormone de croissance ou d'EPO. Les échanges avaient également lieu à l'étage supérieur. Bien souvent, j'ai assisté à des discussions entre des médecins de différentes équipes dont le sujet tournait invariablement autour de la préparation. Grosso modo, l'armement était le même pour tous.

Si je mentionne principalement Virenque et Hervé, c'est parce qu'ils jouaient un rôle actif dans la distribution des produits dopants, l'un en tant que leader, l'autre comme son lieutenant. Dès 1994, Virenque s'informait du déroulement des opérations relatives à l'EPO et aux hormones de croissance. « En a-t-on assez, as-tu parlé avec le médecin ? » Il posait beaucoup de questions, surtout dans la perspective du Tour de France, son Graal. Il avait bien sûr intérêt à ce que l'équipe marche le mieux possible pour l'aider à gagner cette course qui lui a toujours échappé mais qui a fait sa renommée. Virenque savait pertinemment ce qu'il faisait. Son célèbre « à l'insu de mon plein gré » est scandaleux de mauvaise foi. Il était le leader, le patron donc, tout autant qu'un porte-parole. Rien ne pouvait se décider sans lui, et surtout pas la manière de se charger. En période de préparation au Tour, il était de ceux qui poussaient à la « consommation ». Virenque est aussi responsable qu'un homme comme Roussel dans l'instauration d'un système organisé de dopage. À une différence : le dernier souhaitait canaliser les dangers de cette pratique quand le premier ne pensait qu'à lui.

Un dernier récit à ce sujet : lors du baptême de sa fille Clara, en janvier 1998, Virenque m'a présenté un biologiste qui travaillait dans un hôpital de Marseille, et qui se déplaçait souvent sur les courses. Richard lui avait demandé s'il pouvait se procurer de l'hémoglobine synthétique, appelée aussi hémoglobine réticulée, qui facilite l'oxygénation du sang sans augmenter le taux d'hématocrite, comme c'est le cas avec une prise d'EPO. Mais ce biologiste lui expliqua finalement qu'il ne pouvait sortir de l'hôpital cette hémoglobine synthétique. En me rapportant cette histoire, Virenque m'a fait promettre une seule chose. « Surtout, ne dis rien de tout ça à Dufaux. » Une nouvelle manifestation de la légendaire solidarité cycliste...

Le système Festina fut immuablement reconduit jusqu'en 1998. Même lieu, même heure... Il ne restait plus qu'à effectuer la livraison, deux fois par an. En février 1994, c'est le docteur Jimenez qui a rapporté la toute première cargaison à Gruissan. Par la suite, c'est Joël Chabiron qui rapatriait du Portugal les doses d'EPO et d'hormones de croissance. En France, c'est moi qui les récupérais et en assurais la conservation dans mon bac à légumes. Il m'aurait été possible de les stocker dans le réfrigérateur du service courses à Meyzieu, mais nous sentions qu'il était préférable que je les garde avec moi pour plus de sûreté. J'assurais ensuite la distribution selon le programme et les demandes de chacun.

Puisque j'avais la confiance de tous, on convint que je tiendrais la comptabilité des consommations individuelles tout au long de l'année. D'où mes fameux carnets. Jour après jour, je consignais méthodiquement sur un agenda les prises de chacun. Je me promenais toujours avec ce carnet, un peu comme Aimé Jacquet, mais les données étaient différentes ! Sur mon calendrier ambulant, j'écrivais dans les colonnes journalières les noms des coureurs et le produit délivré à chacun. À la fin de la saison, je totalisais les doses et je remettais le décompte final à Bruno Roussel.

Pour éviter que le pot aux roses ne soit éventuellement découvert (un carnet, ça peut se perdre ou se dérober), j'utilisais des codes pour les produits : « X » pour une dose d'EPO, surligné en rouge ; « Z » pour une dose d'hormone de croissance, surligné en vert ou en bleu. Au début de la saison 1998, j'ai dû y ajouter un « P ». Ce « P », également utilisé lors des conversations téléphoniques au cas où nous aurions été sur écoute, correspondait au Clenbutérol, un anabolisant bon marché mais qu'il était très difficile de se procurer. Joël Chabiron avait apparemment ses adresses. Virenque, Hervé, Magnien et Brochard, entre autres, s'y étaient déjà mis en 1997, l'année où Djamolidine Abdoujaparov fut contrôlé positif sur le Tour de France avec ce produit et mis hors course. Pour la petite histoire, Jean-Luc Vandenbroucke, le directeur sportif de Lotto, remercia illico le soigneur fusible, Laurent Van Brussel, afin de montrer patte blanche aux autorités sportives. Ce jour-là, il avait sûrement oublié qu'en 1976, il fut déclassé de Milan-San Remo, qu'il avait terminé deuxième derrière Merckx, pour avoir lui aussi été contrôlé positif...

Interdit à la vente en France, le Clenbutérol est l'une des hormones les plus performantes qui soit pour développer la masse musculaire. Les éleveurs de veaux en savent quelque chose : plus de viande à vendre, plus d'argent qui rentre. Le développement du volume musculaire est spectaculaire. Pour mieux maîtriser ses effets, il fallait trouver un cobaye. Mais éviter les coureurs. Trop heureux de se sentir dans une nouvelle peau, ils ont tendance à se lâcher et le peloton est au parfum dans les semaines qui suivent. L'homme fut vite trouvé : moi-même. À l'approche du Critérium du Dauphiné 1996, j'ai donc avalé dix pastilles sur sept jours puis consciencieusement pissé dans un flacon du cinquième au huitième jour après l'absorption du dernier comprimé. J'ai ensuite envoyé le tout dans un laboratoire de Gand. Le Clenbutérol avait disparu de mes urines au huitième jour. Pour un coureur, qui élimine beaucoup plus rapidement qu'un sédentaire comme moi, ce délai était encore raccourci.

Et ses effets étaient quasi immédiats. Trois heures après la première prise, j'ai été pris de tremblements. J'avais l'impression que mes bronches se dilataient, qu'on m'avait installé une batterie neuve ! Bref, je me sentais sûr de moi, plein d'énergie, fort comme un bœuf... aux hormones. Ses bienfaits se sont prolongés pendant plus d'un mois. Bienfaits que nous avons mis à profit sur les grands tours suivants.

C'est pour cette raison que, en 1996, certains coureurs français et suisses n'ont pas disputé leurs championnats nationaux respectifs à la fin juin. Ils étaient alors en pleine cure de Clenbutérol, dont les seuls effets désastreux se produisent lors des contrôles... Prétexte affiché : un prétendu virus collectif qui, selon la presse, nous causait beaucoup de souci à l'approche imminente du Tour de France. L'équipe préparait en fait son affaire lors d'un stage dans les Pyrénées.

Discipline d'endurance, le cyclisme a toujours été un champ d'expérimentation. Je n'ai pas attendu l'automne 98, lorsque tous les journaux faisaient leur une sur les pratiques des footballeurs italiens et des rugbymen anglo-saxons, pour découvrir la créatine. Elle faisait partie du paysage cycliste depuis 1995 !

Produit autorisé qui ne développe la masse musculaire que si elle est associée à un anabolisant tel que la nandrolone, la créatine se trouve surtout dans la viande rouge. Sans être un stimulant, elle permet de préserver sa vitalité. Eric Rijckaert la faisait fabriquer dans un laboratoire à Gand. Cette poudre blanche coûtait très cher. Il faut savoir qu'un sachet de créatine pure correspond à l'ingestion de trente biftecks ! Et, à la veille d'un long contre-la-montre ou d'une étape de montagne, certains coureurs en consommaient jusqu'à trente grammes par jour, délayés dans de l'eau ou un yaourt... Imaginez-vous attablé devant cent quatre-vingts entrecôtes. On était loin des années 60, quand les coureurs avalaient un gros steak à 6 heures du matin, ignorant toutefois que sa digestion « bouffait » 30 p. 100 d'énergie.

Au gré des saisons, les nouveaux venus s'investissaient avec le même élan que leurs prédécesseurs. Luc Leblanc, Jean-Claude Bagot (1994), Jean-Cyril Robin, Laurent Brochard (1995), Emmanuel Magnien (1996) venaient d'ailleurs du même horizon. En les voyant débarquer, Rijckaert avait coutume de dire qu'il fallait les « dékenakortiser ». En clair, qu'il était nécessaire de diminuer sensiblement leur consommation de cortisone. « Si on utilise outrageusement des corticoïdes, on en devient transparent », disait-il. La cortisone, en dépit du bien-être qu'elle génère, finit par détruire les muscles à force de favoriser leur sollicitation. Ce qui n'est pas sans fragiliser tendons et articulations.

De 1994 à 1998, l'équipe Festina vécut ce que l'on peut appeler ses années folles. Pleines de succès, de popularité, de résultats qui la conduisirent pas à pas jusqu'à la première place du classement par équipes. Pleines de folies. Hormis les néo-professionnels, écartés, on l'a vu, du processus de dopage tous azimuts, tous les autres étaient logés à la même enseigne, quelles que soient les équipes. Même si dans cette escalade, certains montaient encore plus haut. Rappelez-vous le numéro... stupéfiant de Bjarne Riis dans la montée d'Hautacam, sur le Tour de France 1996. Le futur vainqueur de l'épreuve avait littéralement nargué ses rivaux avant de les « oublier » en route. Et dire que le taux hématocrite de ses rivaux, les Festina notamment, avoisinait allègrement les 54 p. 100... J'ai compris ce jour toute la saveur du surnom que lui donnait le peloton : « Monsieur 60 p. 100 ». Son exploit fut aussi troublant pour les connaisseurs que spectaculaire pour les profanes. Deux ans plus tard, au fond de ma cellule, j'ai été saisi d'un rire nerveux en voyant Riis officier comme porte-parole des coureurs sur le Tour 1998. Pour défendre quel cyclisme ?

Bref, je n'ignorais rien de ce qui se tramait dans les autres équipes. Certains soigneurs s'en vantaient même, jouant les importants, persuadés que c'étaient eux qui faisaient les champions. Certains percevaient une importante gratification des coureurs dont ils s'occupaient. Parmi eux, Marcello Torrontegui, un masseur espagnol qui avait longtemps travaillé aux côtés de Tony Rominger avant de proposer ses services à Alex Zülle, chez Festina. L'Espagnol n'a jamais couru après le cuissard de Bassons ou Médan. Il visait gros, ne jurait que par la méthode du docteur Michele Ferrari et voulait modifier notre mode de préparation. Ferrari par-ci, Ferrari par-là : j'ai fini par m'engueuler avec lui, tout comme Rijckaert, partisan malgré tout d'une certaine modération.

Car il faut savoir aussi que c'étaient les doses de produits interdits qui déterminaient les sorties d'entraînement, et non le contraire. Il n'empêche : dès que nous avions le dos tourné, certains coureurs de Festina se retrouvaient en catimini dans la chambre de Torrontegui. Toujours plus vite, plus haut, plus fort, comme le dit la maxime de l'olympisme. C'est ainsi que, au début 1996, Richard Virenque a rendu visite à Ferrari, chez lui, à Ferrare. Une seule consultation lui a suffi. Richard en est revenu perplexe. La préparation à l'italienne lui serait revenue extrêmement chère. Qui plus est, s'allier avec Ferrari, c'était comme se mettre une casserole aux fesses, car tout se savait très vite. Or, Virenque tenait absolument à laisser sa famille en dehors de tout ça. C'est, à mon avis, la principale raison pour laquelle il s'est obstiné à nier, contre vents et marées. De la même façon, début 1998, Dufaux m'apprit à ma grande stupeur qu'il était allé consulter avec Virenque un docteur suisse réputé pour être l'un des plus gros « chargeurs » du milieu. Et ça durait depuis deux ans !

Dans ces conditions, Rijckaert désormais hors circuit après son incarcération en juillet dernier, que penser de l'arrivée chez Polti, la nouvelle équipe italienne de Virenque, de Marcello Torrontegui, ce « grand ami de Ferrari » comme il s'en vantait. Trois ans plus tôt, Richard avait préféré en rester là avec le médecin italien. Il marchait déjà formidablement bien. « Ce n'est pas le produit qui fait le champion », lui répétais-je.

La venue d'Alex Zülle n'a pas franchement fait plaisir à Richard Virenque. Il ne l'avait appris qu'à la veille du championnat de France à Montlhéry, par une indiscrétion parue dans la presse. Bon nombre d'entre nous le savaient déjà depuis une semaine...

Je me souviens qu'il a fait une irruption tempétueuse dans ma chambre ce soir-là, après dîner.

– Non mais Willy, tu te rends compte ? Ils ont embauché Zülle.

À l'évidence, il trouvait que son statut de leader était écorné. Le champion suisse bénéficiait en outre d'un traitement financier plus avantageux. Normal après tout pour un double vainqueur du Tour d'Espagne, ancien champion du monde du contre-la-montre et deuxième au classement mondial de l'UCI derrière Jalabert. Normal sauf pour Richard. Autant dire qu'il y avait de l'orage dans l'air. Les relations de Bruno

Roussel, à qui Miguel Rodriguez avait imposé la venue de Zülle, et de Virenque, ne furent plus jamais les mêmes. À vrai dire, Rodriguez avait vu clair. En dépit de son tempérament et de ses places sur le podium du Tour (troisième en 1996, deuxième en 1997), Richard ne restait à ses yeux qu'un outsider là où Zülle s'affichait comme un authentique prétendant à la victoire finale sur les Champs-Élysées. Il n'y avait que dans le cœur de la foule que Virenque était le numéro un. Son palmarès (douze victoires en huit saisons, hors critériums) n'était franchement pas à la hauteur de ce qu'on attend d'un leader royalement rétribué. Mais voilà, Richard avait pour lui la spontanéité à fleur de bouche, un tempérament bagarreur et une tête de beau gosse. Chaque mois de juillet, il redevenait le gendre idéal des belles-familles, l'idole des groupies et, dans l'esprit d'un sponsor, ces à-côtés importent autant qu'une victoire. Jamais un deuxième du Tour (en 1997, derrière l'Allemand Jan Ullrich) n'avait déclenché pareille ferveur à travers la France. La virenquemania tournait à l'épidémie, et Richard s'y prêtait de bonne grâce.

L'un des épisodes clef de cette relation avec le public s'est déroulé au sortir du Tour 1994. Virenque venait de s'adjuger le premier de ses cinq maillots de meilleur grimpeur et il a eu la bonne idée de faire don de la totalité de ses gains aux enfants du Rwanda. Ce geste a fait chavirer le cœur de la France. Au beau milieu d'un parterre de journalistes venus assister cet acte de générosité solennellement organisé dans un hôtel parisien, il a remis un chèque de deux cent cinquante mille francs. Touchant. Ce que la presse n'a jamais raconté, c'est que ce n'est pas Richard qui avait eu cette idée. Pour lui, mis devant le fait accompli, le Rwanda aurait pu évoquer tout aussi bien une marque de médicaments que le prénom d'une danseuse du Crazy Horse. C'est Miguel Rodriguez qui avait eu cette idée pour augmenter le capital sympathie de son entreprise.

Ce don, qui englobait toutes les primes reçues par l'équipe sur le Tour de France, n'avait pas reçu une approbation unanime. En particulier de l'encadrement, à qui revenait comme toujours 15 p. 100 des gains. Compte tenu de leurs salaires, les coureurs pouvaient se permettre une telle contribution philanthropique. Nous, beaucoup moins. Devant notre mécontentement, puisqu'un beau pactole était en train de nous filer sous le nez, Joël Chabiron a mis fin au différend d'une phrase : « Ne vous inquiétez pas, c'est le grand patron qui va régler la note. »

Voilà toute l'histoire. On organisa dans la foulée la vente aux enchères du vélo de Richard et de son maillot de meilleur grimpeur. Malheureusement, tous les vélos utilisés par le coureur en juillet avaient déjà été vendus, comme c'est le cas à chaque fin de saison. Il fallut se rabattre au dernier moment sur un vélo de réserve pris au service course. On se contenta d'apposer sur le cadre un autocollant « Richard Virenque ».

Trois ans plus tard, sur le Tour de France 1997, l'équipe Festina faisait feu de tout bois (Stephens, Rous, Brochard le 14 juillet, Virenque à Courchevel). Dans chaque bosse, dans chaque col, les coureurs ne formaient plus qu'un seul homme en tête. Une suprématie qui frisa l'insolence au cours de la dernière semaine, à tel point que l'Allemand Jan Ullrich, détenteur inexpérimenté du Maillot jaune, fut poussé à la limite de la rupture. L'euphorie collective n'expliquait pas seule cette domination. Quatre mois plus tôt, l'Union cycliste internationale avait instauré la limite des 50 p. 100 de taux hématocrite. Depuis toujours, Rijckaert veillait à ce que ses coureurs ne dépassent pas 54 p. 100, alors que bon nombre d'équipes poussaient les feux jusqu'à 60 p. 100. Le temps nécessaire au rééquilibrage de nos adversaires nous était favorable.

L'équipe manqua pourtant le coche au cours d'une étape vosgienne où le Tour aurait pu basculer. Au départ de l'étape Colmar-Montbéliard, Jan Ullrich possédait 6 minutes 22 secondes d'avance sur Virenque au classement général. L'Allemand, bien que dauphin de son coéquipier danois Bjarne Riis l'année précédente, avait encore beaucoup de choses à apprendre. En outre, la conquête du Maillot jaune dans la montée d'Arcalis neuf jours plus tôt, ainsi que la dernière semaine de course, lui avaient coûté beaucoup de forces. Pendant l'ascension d'une bosse anodine, le petit col de Hundstuck, une grosse échappée prit corps : parmi elle, Hervé, Rous et Virenque mais aussi Pantani, Olano, Escartin, Casagrande, Julich, Jimenez. Rien que des grosses pointures.

Moins d'une minute derrière pointaient un Ullrich fatigué et son seul équipier présent, Udo Bölts, déjà bien éprouvé. Il fallait encore franchir le Ballon d'Alsace et l'incroyable paraissait possible.

Seulement voilà, en tête, personne ne souhaitait collaborer avec nous. Richard proposa alors de payer ses adversaires, mais la somme promise à chacun était si modeste que personne, comme Virenque me le raconta sur la table de massage, ne bougea le petit doigt. Alors, au lieu de demander à ses propres guerriers de rouler, Richard, et je n'ai toujours pas compris pourquoi, ordonna à ses deux équipiers de prendre du champ. Au final, la victoire de Didier Rous (devant Hervé) fut belle à voir (de l'extérieur). Mais terriblement frustrante (de l'intérieur).

Cette mise sur orbite des Festina avait véritablement commencé lors du contre-la-montre individuel de Saint-Étienne. Un « chrono » de cinquante-cinq kilomètres sur un parcours accidenté déterminant pour Virenque. Il n'espérait pas le gagner mais limiter la casse. Dans cette perspective, tous les moyens étaient bons. La veille, Richard s'était entendu dire par un équipier que son salut passait par une ampoule... « spécial contre-la-montre » ! Comme s'il existait une spéciale « chrono » (avec une montre dedans ?), une spéciale « montagne », une spéciale « col deuxième catégorie »...

Richard voulut en savoir plus. Cet équipier, qui consultait également le docteur Ferrari, lui indiqua l'homme à contacter. Mais c'est bien sûr, Marcello Torrontegui ! Ce soir-là, pendant le massage, Richard se décida, avec beaucoup d'hésitations, à m'en parler. Je le mis en garde. Avec son traitement régulier, EPO et d'hormones de croissance notamment, il était prêt. Peut-être comme jamais. Il avait juste besoin qu'on lui injecte ponctuellement un mélange de caféine et de Solucamphre (pour ouvrir les bronches), une injection qu'on lui fit d'ailleurs le lendemain. Enfin, puisqu'on ne savait rien de la composition de ce fameux « spécial contre-la-montre », on ne pouvait exclure que l'association soit néfaste à son organisme. Qu'importe l'envie de se surpasser, quand on joue la gagne, il ne faut pas tenter n'importe quoi.

Torrontegui s'occupait alors d'un coureur de Cofidis, qui était blessé. Torrontegui était donc disponible. Malgré mes avertissements, Richard en parla à Bruno Roussel, qui se laissa convaincre. « Pour son moral », me dit-il, pas franchement convaincu lui-même. Quoi qu'il en soit, je fus sommé de ramener Torrontegui à notre hôtel. Le soigneur espagnol, averti par l'équipier de Virenque, avait déjà préparé la potion magique dans sa chambre. Il ne perdait pas de temps.

Devant moi, Torrontegui se lança dans une longue tirade pour vanter les mérites de cette sacrée ampoule. Ce que je voyais, c'est qu'elle ne comportait aucune étiquette et que le liquide blanchâtre qu'elle contenait pouvait être tout et n'importe quoi.

Je ramenais cette mixture à injecter par voie intramusculaire et je la déposais dans la chambre de Richard.

– Tiens, ton truc est là.

– Mais ne le prends pas comme ça !

— Écoute, tu te démerdes avec. Je ne veux pas en entendre parler, d'accord ?

— Allez, Willy, tu me la prépares pour demain, OK ?

Je cédais. Parce que j'avais mon idée en tête. Il était prévu que j'inocule cette saleté dans une fesse de Virenque une heure avant son départ. Bien évidemment, j'en avais parlé à Eric Rijckaert, qui ignorait tout de l'affaire, et resta abasourdi. « Il ne faut pas faire ça, me dit-il. Personne ne sait ce qu'il y a dedans ! »

Au moment prévu, je fis son injection à Virenque. Ce jour-là, il réussit le contre-la-montre de sa vie, terminant deuxième de l'étape derrière Ullrich avec lequel, une fois rejoint par l'Allemand, il se livra à un mano a mano mémorable sur la fin de parcours.

« Comme j'étais super ! Ce truc est formidable, jubilait-il le soir même. Il nous le faut. » Oui, cette prouesse devait sûrement quelque chose à cette ampoule miracle. À ce détail près, que Richard découvrira s'il lit ces lignes : j'avais écrasé l'ampoule magique et je l'avais remplacée par une de ses petites sœurs, qui contenait trois millilitres de glucose...

Rien ne remplace le mental. Dans l'absolu, il n'existe pas pour Richard de meilleur dopage que le public. Des doses de bravos qui circulent dans ses veines, des ampoules d'adulation pour faire reculer le seuil de la souffrance, une cure d'idolâtrie pour se sentir invulnérable. Tel est le traitement qui sublime Richard. Encore faut-il y croire.

Voici en tout cas une histoire à laquelle nous avons eu du mal à croire. Fin mars 1998, quelques semaines après sa victoire sur le Critérium international, Christophe Moreau était déclaré positif. Le produit ? Le mestérolone, de la famille des anabolisants. Trop gros pour être vrai. À l'inverse de la nandrolone par exemple, dont les traces s'estompent huit jours environ après la prise, tout le monde sait que le mestérolone reste décelable dans les urines pendant au moins six mois. Nous ne comprenions pas.

J'ai bien sûr interrogé le coureur pour en savoir plus car je me sentais en faute, vis-à-vis de lui comme de l'équipe. Il m'assura n'avoir touché à rien. Il y avait bien cette injection que lui avait faite un autre soigneur de l'équipe, la veille de la course... Ce soigneur n'en était pas à sa première incartade. Comme prévu, il ouvrit le parapluie. C'était sa parole contre celle de Moreau. En public, Christophe s'était déclaré trahi. Sans nier les faits, le Franc-Comtois avait été jusqu'à comparer cette injection à une transfusion sanguine qui lui aurait inoculé le sida. Je n'ai rien contre Christophe Moreau, un garçon charmant. Mais le plus fou peut-être de l'histoire, c'est que, trois mois plus tard, il ait pu prendre le départ du Tour de France. Et les instances fédérales disent combattre farouchement le dopage. En plein mois de juillet, Moreau avoua devant les policiers lillois avoir pris de l'EPO. Les sanctions furent confondues...

La nécessité de se procurer les dernières innovations tournait à l'obsession. De chuchotements en rumeurs, des noms d'hormones circulaient. Les plus folles, mais qu'importe le flacon... Les coureurs n'aspiraient plus qu'à devenir les cobayes de nouvelles formes de dopage. Dès 1996, l'IGF-1 fit son apparition dans l'équipe. IGF, abréviation de *Insuline Growth Factor*, une sorte d'hormone de croissance aux effets encore plus immédiats et spectaculaires. Difficile pour moi d'en dire beaucoup plus car je ne suis pas chimiste mais l'IGF-1 était devenue le sujet à la mode.

Nous l'avons expérimenté peu avant les championnats du monde 1996, à Lugano, sur trois sujets consentants : Laurent Dufaux, Pascal Hervé et Laurent Brochard. L'IGF-1 se présentait sous la forme de deux ampoules, l'une contenant une poudre, l'autre un liquide transparent. Le mélange représentait une dizaine d'injections sous-cutanées (bras ou ventre) ou intramusculaire (fesses). Ce produit, fort cher, était également fragile. Entre les prises, il devait rester congelé et nous l'entreposions dans le congélateur du camion de l'équipe.

C'est Fernando Jimenez, le médecin espagnol de l'équipe, qui avait fait entrer l'IGF-1 dans l'équipe. Voilà pourquoi elle n'apparaît pas dans mes carnets. Il l'utilisait surtout lors des courses espagnoles ou italiennes, Tour d'Espagne et Tour d'Italie notamment, où ni Rijckaert ni moi-même n'officiions généralement, et il l'administrait en cure sur six ou sept jours, généralement lors de la deuxième semaine d'un grand Tour afin de redonner un coup de fouet à l'organisme.

Les effets en ont été diversement appréciés par nos trois cobayes. Laurent Brochard s'était senti « bloqué », Laurent Dufaux n'avait rien éprouvé d'extraordinaire. En revanche, Pascal Hervé était enthousiaste. C'est pour cette raison que l'IGF-1 n'était utilisée que sporadiquement. Ses bienfaits étaient loin d'être concluants, ils étaient à tout le moins partiels. Richard Virenque s'y est essayé avec Dufaux lors du Tour de Romandie 1997 mais sans réussite. Didier Rous a fait une tentative sur le Tour du Pays basque 1998, sans plus de succès. Si bien que nous avons fini par abandonner l'Insuline Growth Factor. Ce qui fouette certains organismes ne convient pas forcément aux autres.

Lorsque le dopage était au service du mental, et non l'inverse, cela donnait le cas Lars Michaelsen sur Gand-Wevelgem 1996. Ce Danois perfectionniste, dur au mal, intransigeant envers les autres et surtout lui-même, était un grand professionnel, laissant le minimum de place au hasard. Il utilisait l'EPO avec parcimonie. L'un des moins gourmands que j'aie connus. Il préférait se servir de sa tête. Il avait bien saisi qu'il ne pouvait échapper au système de dopage organisé, mais sa préparation était avant tout d'ordre mental.

Il concentrait tous ses efforts sur Gand-Wevelgem, l'une des seules classiques avec Paris-Tours à pouvoir aboutir à un sprint massif. Dans cette perspective, il avait accepté l'idée de prendre de l'EPO ainsi que du Soludecadron, ce fameux corticoïde couramment utilisé avant les courses d'un jour. Les palmarès retiendront que, ce jour-là, Lars Michaelsen s'imposa de justesse devant Maurizio Fondriest, au terme d'un final à suspense. Mais ce Danois à la tête sur les épaules savait pertinemment ce qu'il faisait.

Tous les coureurs n'étaient pas habités par la

« rigueur » de Michaelsen. Je pense à cet adorable coureur suisse qu'est Bruno Boscardin. Toujours poli, jamais un mot plus haut que l'autre. Une perle. Le matin du Het Volk 1997, comme tous les matins d'ailleurs, il avala une gélule de vitamine E qui complétait sa cure énergétique. Le hic, c'était qu'elle ressemblait comme deux gouttes d'eau à une autre gélule translucide de couleur jaune, le Normison, un somnifère efficace.

Le pauvre Bruno s'envoya le mauvais comprimé dans le gosier à une heure du rassemblement à Gand. Son départ fut... ronflant. Et les 300 milligrammes de caféine ingurgités à la hâte ne lui furent d'aucun secours. Il termina pourtant l'épreuve. Qu'il jugea sûrement soporifique.

XI

Blanche cocaïne et certificat marron

À mon retour à Loos, ce 24 juillet, tous les pensionnaires étaient déjà au courant. Dans le hall, un gardien m'a accosté : « Willy, il faut tout préparer là-haut. Plier les draps, nettoyer les couverts. Tu dois tout rendre à 14 heures mais tu ne pourras pas sortir avant 16 heures. »

J'avais encore trois heures et demie à tuer. Toutes aussi interminables que les précédentes. Serge était content pour moi. « T'es près de la sortie, tu vois ! Tu vas quand même nous donner de tes nouvelles, hein ? Ce serait bien la première fois qu'un prisonnier nous écrit ! » Une semaine plus tard, il a reçu une carte postale de Veynes.

Comme au dernier jour d'une location estivale, avant de rendre les clefs, j'ai nettoyé de fond en comble ces quelques mètres. Je trépignais d'impatience. À 14 h 45, la porte de la cellule s'est refermée derrière moi. Un ultime regard sur le « 237 » et je suis descendu à la consigne, au rez-de-chaussée. « Tu peux ramener chez toi les effets personnels qu'on t'a remis ici. » Non merci ! Gardez tout ! Je savais qu'ils garderaient toujours pour moi l'odeur du linge sale, même une fois propres et fraîchement repassés.

Mes deux avocats m'attendaient. Ils entretenaient, je crois, de bonnes relations, mais Ludo – j'appelais ainsi Ludovic Baron –, dont j'avais apprécié le soutien, sentait que l'affaire lui échappait, au profit d'un avocat plus expérimenté : maître Bessis demandait déjà l'arrêt du Tour de France et l'élargissement des mises en examen. Il relativisait ma responsabilité et exprimait ses convictions antidopage. À 16 heures, je me suis enfin retrouvé à l'air libre. Enfin, pas tout à fait. Une nuée de journalistes, micros et caméras tendus, bouchait l'horizon. Nous nous sommes engouffrés dans la Twingo de Ludo pour gagner son domicile lillois, où Sylvie et mes beaux-parents m'attendaient, une flûte de champagne à la main. Ludo avait bien fait les choses. Je ne l'ai plus revu depuis. Lui comme bien d'autres, qui ne sont plus que les souvenirs d'un type qui a largué les amarres.

C'est Richard Virenque qui m'a proposé d'incorporer l'équipe de France pour le championnat du monde 1994. Il m'en avait déjà touché un mot pendant le Tour de France et l'affaire s'est conclue rapidement. Les cadres fédéraux ont fait d'autant moins de difficulté que quatre coureurs de Festina avaient été sélectionnés (Leblanc, Virenque, Lino, Hervé). J'étais tout heureux qu'on fasse appel à moi et que mes compétences soient reconnues au plus haut niveau dans un autre pays que le mien. Avec la Belgique, je n'avais connu cet honneur qu'une fois, en 1982 à Goodwood, mais j'avais aussi travaillé à la pige avec l'équipe d'Irlande, à Sallanches en 1980, puis à Altenrhein en 1983.

Cette fois, je faisais partie des cinq soigneurs attitrés de l'équipe de France, et pour un bail qui dura quatre saisons. Cette période m'a procuré deux joies immenses avec les titres mondiaux de Luc Leblanc et de Laurent Brochard. De formidables émotions vécues... sans licence ! C'est en 1997 seulement que Charly Mottet, à la demande de Patrick Cluzaud, le directeur technique national, m'ordonna de prendre une licence française. Cluzaud avait même exprimé cette condition à Virenque, qui lui répondit : « Si

Willy n'est pas avec nous, ce n'est même pas la peine de compter sur moi. »

Un champion vit toujours une année plus marquante que les autres. Pour Luc Leblanc, ce fut sans conteste 1994. D'abord, une étape du Tour, dans la montée d'Hautacam, devant Miguel Indurain, même si le « Grand » ne lui avait pas compliqué l'affaire ce jour-là. Et puis son championnat du monde à Agrigente, quatorze ans après Hinault. Je m'en souviens comme si c'était ce matin. Avec Lino, Hervé et Virenque, l'ambiance était cordiale, on pensait bleu, blanc, rouge.

Depuis la fin du Tour, qu'il avait terminé à la quatrième place, on disait « Lucho » en partance. Le Groupement de Jean Godzich lui avait fait des propositions et Luc hésitait. À la vérité, mais il n'osait pas en parler, il avait de nombreux contacts téléphoniques avec Patrick Valcke, le futur directeur sportif de cette équipe, et Guy Mollet, le manager. Deux pas en avant, deux en arrière, Luc s'empêtrait. Jusqu'au Tour du Limousin, à la mi-août. Le premier soir, alors que je massais un coureur, il est entré dans ma chambre. « Les mecs, c'est bon, je viens de parler avec Bruno Roussel. L'année prochaine, je reste avec vous. » Mais il a ajouté sur un ton plus détaché. « Bon, ce soir, je dois quand même voir mon homme d'affaires, mais juste par politesse. Dans ma tête, c'est fait. »

Il est revenu vers 23 heures.

– Alors Lucho, ça s'est bien passé ?

– Euh... Finalement, je vais au Groupement.

On imagine le petit déjeuner, le lendemain matin. Luc avait tourné casaque. Même Bruno Roussel, alors son directeur sportif, affichait ouvertement sa déception. Il ne comprenait pas ce revirement soudain, qui n'allait pas faciliter la tâche de Luc en Sicile, quelques jours plus tard.

Là-bas, l'amertume ne s'était pas estompée. Roussel, logé à ses frais dans un autre hôtel, m'avait interdit de m'occuper de Leblanc, parce qu'il nous avait fait « un enfant dans le dos ». Je me mettais à la place de mon patron, mais j'aimais bien « Lucho », que j'avais tenu à mettre au courant. L'intéressé avait piqué une terrible colère, menaçant de faire un scandale, de parler à la presse. Je ne voulais surtout pas de grabuge, et j'ai finalement décidé de soigner Leblanc à l'insu de Roussel. Vous parlez d'une situation !

Il faut dire que le staff fédéral brillait par sa désinvolture. Chaque soigneur devait apporter avec lui l'intendance nécessaire aux coureurs dont il avait la charge. Bidons, casquettes, ravitaillement, et le reste... Jusqu'au médecin de l'équipe, Gérard Porte, qui demandait quelle préparation nous comptions faire suivre aux coureurs. Tout cela n'était pas très sérieux.

Leur rivalité était née sur le terrain comme dans la presse. Sur ce Tour 94, Leblanc s'était montré supérieur à Virenque, qui n'avait pas apprécié de se faire voler la vedette au sein de sa propre équipe. La tension entre les deux hommes ne faisait qu'empirer, même si Luc était sur le point de changer d'air. À table, les deux hommes s'envoyaient souvent des piques. Rien de bien méchant, mais c'était éloquent. Il a fallu qu'ils se retrouvent tous les deux dans le final !

Au dernier ravitaillement en eau, deux tours avant la fin, Richard était sûr de lui. Avant d'attraper le bidon que je lui présentais, il a placé deux doigts sous ses narines, pour dire : « C'est pour moi. » Il paraissait effectivement plus fort que Luc, même si tous deux marchaient fort. Physiquement et mentalement, Richard était à son zénith. Avec la dose d'EPO injectée aux coureurs le jeudi précédent, son taux d'hématocrite atteignait 52 p. 100. Et comme les trois autres Festina, il avait eu droit à une intramusculaire de 10 milligrammes de Diprostene (un corticoïde) la veille de la course, puis à 20 milligrammes au matin le départ. Le tout à l'insu de l'encadrement fédéral.

Oui, il était fort mais Luc l'avait bluffé, comme Richard me l'a raconté après coup. À l'amorce du dernier tour, il avait confié à « Lucho » qu'il allait attaquer « pour les mettre à une minute ». Pauvre de lui : dans la minute, c'est Leblanc qui passa à l'offensive. Équipe de France, Festina... Richard était piégé. Une demi-heure plus tard, sa médaille de bronze autour du cou, il comprit qu'il était passé à côté d'une médaille en or massif. Dans le cyclisme, en pleine bourre ou à l'agonie, il faut toujours faire le mort. Ça, Richard n'en a jamais été capable.

Le soir était malgré tout à la fête. Pensez, un maillot arc-en-ciel et un podium aux deux tiers tricolore. Tout le monde s'était retrouvé dans une chambre d'hôtel : les coureurs, l'encadrement, le sélectionneur national, Bernard Thévenet, et le directeur technique national, Patrick Cluzaud. La plupart des participants s'injectèrent un échantillon de pot belge pour faire la fête et tenir la nuit. On « baptisa » Luc Leblanc, qui n'avait encore jamais « pris » d'amphétamines.

À quatre heures du matin, je quittai ce petit monde. Je devais conduire l'Australien Stephen Hodge à l'aéroport avant de repartir chez moi. Agrigente-Veynes d'une traite, soit plus de vingt heures de voiture après une nuit blanche. Je ne voulais pas m'endormir au volant : une injection d'amphétamines toutes les quatre heures. Ah ça oui, je me souviens de mes débuts avec l'équipe de France.

Comme je n'ai pas oublié celui de l'année suivante, en Colombie. Le pays du sourire, de l'hospitalité et de la cocaïne.

Une grosse expédition. Une vraie galère, même. Pensez au chargement des cantines, aux heures de vol, au décalage. Virenque, Brochard, Hervé et Robin étaient du voyage pour Festina. Nous n'emportions pas d'EPO, rendue inutile par les trois semaines de préparation que nous allions passer en altitude, mais des corticoïdes, à utiliser à la veille de l'épreuve et au matin du départ, comme en Sicile. Quelques jours avant le championnat du monde, un médecin a demandé à un masseur de l'équipe de France de lui procurer quelques ampoules de Kenacort. Ce masseur m'a demandé de le dépanner, j'ai posé la question à Eric Rijckaert, qui m'a envoyé sur les roses avec ces paroles senties : « chacun sa merde ». Ce médecin, c'était Armand Mégret. Il s'occupait alors de l'équipe de France amateur (!) et est actuellement le médecin attitré de la Fédération française de cyclisme, où il est spécialement chargé du bon déroulement du suivi médical longitudinal mis en place au début de cette année.

Échaudé par sa malheureuse expérience en Sicile, Richard était arrivé stressé en Colombie. Le terrain terriblement accidenté lui convenait parfaitement et pourtant, la nervosité l'emportait sur la confiance. Il avait décidé de rouler avec des roues en carbone, ce qui par la suite devait nous coûter notre partenariat avec Mavic. Richard avait donc emprunté les roues utilisées par le Hollandais Danny Nelissen qui, la veille, était devenu champion du monde amateur. Ce choix ne lui porta pas plus bonheur. Il termina sixième après avoir passé la journée à courir après les échappés.

L'avion du retour partait à 4 heures du matin, et en attendant nous avions besoin de détente. Après le dîner, un grand nombre d'entre nous s'est donné rendez-vous dans un des bungalows de l'équipe pour finir en « beauté ». Un chauffeur colombien spécialement détaché pour l'équipe de France avait procuré à un membre de l'encadrement un bloc de cocaïne pur. Quatre cents francs, c'était donné. Ne restait plus qu'à le réduire en poudre à l'aide d'une lame de rasoir, un jeu qui faisait déjà monter l'excitation, et à tracer deux lignes, une pour chaque narine, sur une plaque de verre. Comme dans les polars. Avec un billet de un dollar, chacun y allait de sa « reniflette ». Nous étions tous allumés. Deux heures plus tard, l'euphorie s'est dissipée. Ce qui restait de cocaïne a fini dans les toilettes. Et nous la tête en bas.

Pour comprendre l'envers du décor, pas besoin de se moucher dans la poudre blanche. Il suffit parfois de repasser le film à la bonne vitesse, comme pour le championnat du monde de San Sebastian, en octobre 1997. Dix jours après la victoire de Brochard, le téléphone a retenti chez moi. C'était Patrick Cluzaud, le DTN, qui voulait me parler. J'étais absent et Sylvie lui a donné le numéro de mon téléphone portable. Peu après, sur l'autoroute du sud, j'ai reçu un appel de Charly Mottet, sélectionneur national cette année-là.

– Allô, Willy ? Dis-moi, c'est quoi ce bordel ? Qu'est-ce que vous avez foutu aux championnats du monde ? On m'a annoncé Brochard positif.

J'ai failli me payer le rail de sécurité. Je m'étais occupé des trois coureurs Festina sélectionnés, Brochard, Virenque et Hervé, et rien ne pouvait donner lieu à un contrôle positif. Mais d'abord, positif à quoi ?

– Ils ont trouvé de la Lidocaïne dans ses urines.

Je connaissais cet anti-inflammatoire mais n'en possédais pas dans ma panoplie de soigneur. Ça ne venait pas de chez moi ou c'était une erreur. Mais j'étais bien incapable de donner une quelconque explication à Charly. Pour en avoir le cœur net, j'ai filé directement vers le service courses de Meyzieu. En cours de route, je cherchais une explication. J'avais déjà ma petite idée. En temps normal, Brochard était entre les mains d'un autre soigneur de l'équipe. Je savais que ce dernier, quand il ne suivait pas la course lui-même, remettait parfois certains produits aux quelques coureurs dont il s'occupait. Dans ces cas-là, Brochard se promenait avec une petite trousse. Ce soigneur s'était rendu à San Sebastian à titre personnel, hors encadrement équipe de France. Un phénomène fréquent lors du championnat de France et du championnat du monde, où ils sont quelques-uns à traîner autour des hôtels des équipes. Les instances fédérales les montrent du doigt, sans les interdire formellement pour autant.

À Meyzieu, en examinant la pharmacie personnelle de ce soigneur, je suis tombé sur de l'Inzitan, l'équivalent espagnol de « nos » bons vieux corticoïdes comme le Soludecadron. À la lecture de la notice, le doute n'était plus permis. Le produit contenait bel et bien de la Lidocaïne. Et c'est la Lidocaïne qui avait tout fichu par terre ! Il y avait de quoi se taper la tête contre le mur. J'ai aussitôt téléphoné à Bruno Roussel, contre l'avis de Charly, qui s'était accroché avec mon directeur sportif un peu avant le Mondial. Mottet ne voulait en effet voir dans l'hôtel que des membres officiels de l'équipe de France. Bruno est tombé des nues. Nous avons raccroché, puis il m'a rappelé en me disant que nous avions trois jours pour constituer un dossier médical, c'est-à-dire avancer un justificatif thérapeutique, comme l'Union cycliste internationale le permet dans certains cas. Je ne sais pas qui il avait contacté entre-temps.

Normalement, ce certificat aurait dû être présenté lors du contrôle, mais il faut croire que l'UCI se fichait bien de savoir si cette prescription avait été rédigée avant ou après le Mondial. L'essentiel était que les apparences soient sauves. Elles le furent. Laurent Brochard souffrait du dos depuis longtemps, une hernie discale dont il n'avait pas voulu se faire opérer et qu'il préférait soigner par hydrothérapie. L'aubaine. J'ai donc proposé à Bruno Roussel de fournir un certificat antidaté, qui a été établi par le médecin espagnol de l'équipe Festina, Fernando Jimenez.

Ce justificatif thérapeutique antidaté et présenté après coup n'a posé aucun problème aux instances internationales. Ce qui est contraire à l'éthique – mais nous n'en sommes plus là – et à leurs propres règlements. L'UCI affirme, par la voix de son président, pourfendre le dopage, mais elle a étouffé une affaire d'autant plus embarrassante que le Mondial est organisé sous son égide. À mes yeux, il ne reste qu'une solution à son président : démissionner.

En revanche, il ne faut rien enlever à Brochard. Et surtout pas son titre mondial. Quand des coureurs s'élancent à armes égales sur la même ligne de départ, le vainqueur est malgré tout le meilleur. À San Sebastian, Brochard, Virenque et Hervé, les trois coureurs de Festina, avaient suivi la même préparation : un taux d'hématocrite de 49 p. 100 et des poussières – sept mois après l'apparition des 50 p. 100, il ne fallait pas trop s'amuser –, trois injections d'hormone de croissance de deux unités chacune la semaine précédant le championnat du monde ; les habituels corticoïdes, 10 milligrammes de Diprostene le vendredi et 20 milligrammes une heure avant le départ. Rien d'exceptionnel.

Tout le contraire de la soirée qui a suivi la victoire. Après un dîner bien arrosé à notre hôtel d'Hendaye, nous sommes allés dans une boîte de Biarritz où nous avons fêté notre champion du monde jusqu'à 8 heures du matin ! Une nuit pareille se prépare. Avant de faire les zouaves, la plupart d'entre nous se sont injecté un échantillon de pot belge. Pendant les festivités, Virenque et Hervé allaient répétant qu'ils ne pourraient participer à Milan-Turin deux jours plus tard, parce qu'ils seraient positifs. Quant à « La Broche », il nous a faussé compagnie, embringué par un cas social qui, au petit matin, dans un bar voisin, lui a raconté ses années de galère. On fait plus reposant avant d'affronter les caméras de France 2 au « J.T. » de 13 heures... Notre maillot arc-en-ciel nous est revenu de guingois, une heure avant de prendre l'avion qui le conduisait à Paris.

XII

« *Leader ? Non, je ne suis pas dealer !* »

Quelques heures après ma sortie de prison, j'ai quitté Loos, Lille, le Nord. Dans le rétroviseur de notre voiture, je laissais seize jours de prison derrière moi. Sylvie était au volant. Nous sommes d'abord allés chez son frère Patrick, à Auxerre. Pas d'épanchement démonstratif, pas de cérémonie particulière. Un repas ordinaire, des conversations ordinaires, une vie ordinaire. Un vrai bonheur tout simple. Je ne demandais que cela.

Le dimanche matin, il a fallu reprendre la route pour nous rendre chez les Caritoux. Depuis que l'affaire avait éclaté, les policiers lillois avaient recommandé à Sylvie de placer les enfants à l'abri. On ne sait jamais... Sylvie avait d'ailleurs reçu des appels menaçants qui incitaient à la prudence. Charlotte et Mathieu ne pouvaient pas être mieux lotis que chez les Caritoux, à Flassan, au pied du Mont-Ventoux. Nous sommes arrivés en début d'après-midi. Tout le monde nous attendait avec impatience. Sauf Éric, puisqu'il était sur le Tour. J'avais les larmes aux yeux. Morceau par morceau, j'étais en train de reconstituer mon quotidien, ma vie d'avant, mon essentiel. Je ne voulais plus en bouger. J'allais de bonheur en bonheur après avoir pleuré une bonne fois.

Moi qui ne sais pas nager, j'ai passé l'après-midi à faire le fou dans la piscine. Je perdais pied, je buvais la tasse, mais plus rien ne pouvait m'arriver. Je disséquais les moindres gestes de mon entourage, ceux sur lesquels je glissais jusqu'alors. Deux cents jours par an sans voir les miens ; deux cents jours à rouler, foncer, sans savoir m'arrêter. Il avait fallu que j'aille droit dans le mur, celui de la prison, pour comprendre. Mes enfants, je ne les avais pas vus grandir, et je les regardais s'ébattre et rire. Ils ont même aidé Kim, la petite fille des Caritoux, à faire ses premiers pas. Qui sait si je n'ai pas vécu ce dimanche de juillet le plus beau jour de ma vie. Merci Éric, merci Nathalie.

Encore une heure et demie de route et j'ai retrouvé mon appartement en fin de soirée. L'esprit en paix et le cœur au calme. Vingt-deux jours que j'en étais parti. L'équivalent d'un Tour de France en somme... Un drôle de Tour qui n'a pas tardé à me rattraper.

Sous la porte de mon appartement, un journaliste de France 2 avait glissé sa carte de visite. Il souhaitait me voir dès que possible. Le lendemain matin, en allant acheter du pain, je suis tombé sur un reporter italien qui m'attendait au pied de l'immeuble et voulait m'interviewer. Moi, je voulais ma baguette et rien d'autre. En revenant de la boulangerie, l'Italien n'était plus seul. Son confrère de France 2 l'avait rejoint, accompagné d'un cameraman et d'un preneur de son. Ils ont fini par comprendre que j'avais besoin de souffler et m'ont laissé tranquille. Enfin, tranquille, c'est une façon de parler. Dans l'appartement, le téléphone n'arrêtait pas de sonner. Demandes de rendez-vous, d'entretien, de face à face, d'exclusivité. On me laissait toute latitude pour le jour et l'heure. De guerre lasse, j'ai embarqué ma petite famille et nous sommes partis nous installer tout près, chez mes beaux-parents, toujours à Veynes.

Le Tour de France 98 m'avait laissé sur le bord de sa route mais je n'arrivais pas à rompre le cordon. La télévision, encore et toujours. C'était plus fort que moi. Je m'asseyais devant mon écran et j'assistais au spectacle, ou plutôt à la mascarade. Les coureurs qui posaient leurs fesses sur le bitume, qui arrachaient leur dossard ; Bjarne Riis et Jean-Marie Leblanc qui tentaient de sauver les meubles. J'ai vu Pantani déposer Ullrich, la tête comme un ballon, dans l'ascension du Galibier. L'Allemand a perdu près de neuf minutes et son Maillot jaune cet après-midi-là. Pendant ce temps, dans la montée du col de la Madeleine, Pantani freinait dans les virages.

Le navire prenait l'eau et il n'était plus temps d'écoper. J'ai préféré abandonner en tournant le bouton. J'ai éteint le poste, débranché le fax et le téléphone. Ils auraient mieux fait de tout plier eux aussi.

À la mi-août, on m'avait un peu oublié. L'occasion était belle de retrouver ce cyclisme d'enfant qu'on pousse à l'extrême une fois adulte. Mon fils et quatre de ses copains avaient préparé minutieusement une course à étapes de cinq jours. Ils avaient tout prévu : lieu et horaire de chaque départ, itinéraire à suivre. Je n'avais plus qu'à les suivre au volant de ma voiture pour effectuer le ravitaillement. Une véritable cure de jouvence.

L'étape reine empruntait le col d'Espreaux. Le Tour de France était passé par là en 1986, c'est Jean-François Bernard qui avait gagné à Gap. L'étape avait laissé des traces de craie sur le bitume. Alors, cette petite route étroite dessinée sur une grosse boursouflure devenait le Tourmalet ou l'Alpe-d'Huez. C'est Rachid qui a gagné.

La dernière étape, un samedi, filait par la descente du Furmeyer. Je les ai précédés pour qu'ils ne dévalent pas la pente à toute vitesse. J'avais un peu d'avance quand, au détour d'un virage, ils ont disparu. Fati, un petit Tunisien, avait dérapé sur des gravillons. Il ne portait pas de casque et son cuir chevelu était épluché comme une banane. Le sang coulait abondamment de la plaie et je n'avais rien pour secourir le gamin. Heureusement que je sais prodiguer les premiers soins. Pendant que les enfants alertaient les secours d'une ferme voisine, j'ai comprimé la blessure avec mon T-shirt. Fati voulait dormir et moi, je n'arrêtais pas de lui parler. Si son cerveau n'avait pas travaillé, il aurait pu y rester. Lorsque les pompiers sont arrivés, le gamin avait neuf de tension. Il était moins une.

On avait reporté nos vacances. Je ne pouvais pas partir sans savoir si le môme se rétablissait à l'hôpital de Gap. Ensuite, il était trop tard pour espérer trouver un point de chute. Heureusement, un cousin de Sylvie nous a proposé sa belle villa avec piscine à la Rochegude, près de Bollène, alors qu'il partait en vacances en Espagne. Échange de bons procédés : nous gardions la maison.

J'avais perdu quatorze kilos depuis mon séjour en prison et mes reins étaient bloqués. Le stress, m'avait expliqué un médecin. Ces dix jours ont été bénis. Dix jours à me prélasser au soleil, à siroter des pastis au bord de la piscine, à jouer à la pétanque avec les beaux-parents ou au football avec les enfants. Pas de journaux ni de journalistes. Sauf, quelquefois, *L'Équipe*. On ne se refait pas. Je suis revenu fin août en douceur à mon domicile. Pas de fax puisque je l'avais débranché et pas de messages. Et pour cause, je n'ai pas de répondeur téléphonique ! Quant au courrier, rien de particulier. Si ce n'est la lettre agréable d'une station de radio locale, Alpes-1, qui m'informait d'une pétition de soutien dont elle avait pris l'initiative et qui avait circulé dans la région.

Je n'ai plus eu de nouvelles de Festina jusqu'en septembre. Et c'est mon banquier qui m'en a donné. Mon salaire n'avait toujours pas été viré sur mon compte. J'ai pris contact avec Joël Chabiron, qui m'a assuré qu'il ferait le nécessaire. Trois jours plus tard, toujours rien. J'ai relancé Chabiron, qui m'a demandé de téléphoner à Gines Gorriz, le bras droit de Miguel

Rodriguez. Ce dernier m'a expliqué que je n'étais plus payé pour avoir menacé Joël Chabiron ! Mais pas question de m'envoyer une lettre recommandée pour confirmer la rupture de mon contrat.

Manifestement, Festina voulait se débarrasser de moi sans autre forme de procès. Aujourd'hui encore, en dépit de toutes les procédures engagées, on ne m'a toujours pas payé les cinq mois qui me restent dus. Et cinq mois pour un Willy Voet correspondent au dixième du salaire mensuel de Richard Virenque. Lorsque celui-ci, allongé devant sa piscine aux côtés de son épouse, a déclaré avant de signer chez Polti qu'il était « le SDF du vélo », je me suis dis qu'il existait des mots à ne pas prononcer.

Chaque année, le premier samedi de septembre, une fête du village a lieu à Veynes. Pour rien au monde, je n'aurais voulu rater les auto-tamponneuses, la barbe à papa et la chenille. En fin d'après-midi, alors que je rentrais chez moi, une voiture s'est arrêtée à ma hauteur. « Vous êtes Willy Voet ? On peut venir vous voir demain ? » Je ne sais pas dire non, c'est mon point faible, ou alors du bout des lèvres, pas assez fort pour qu'on m'entende.

Richard Virenque m'avait dès juillet accusé d'être un trafiquant. Maître Bessis avait d'abord exigé qu'il rétracte cette accusation grave et

mensongère, mais Richard et Collard ne voulaient rien entendre. Mon avocat les avait préve-
nus. S'ils maintenaient des choses fausses sur
moi, je risquais « de dire des choses vraies sur
Virenque ». Et c'est ce que j'ai fait devant ce
journaliste suisse. Je lui ai expliqué que Richard
en prenait autant que les autres coureurs de Festina. Je ne me doutais pas que ces propos tenus
au coin d'une table et publiés dans un petit
magazine helvétique déclencheraient une tempête médiatique, alimentée quelques jours plus
tard par un grand quotidien français. C'était le
23 septembre, comment l'oublier ? J'étais monté
à Paris pour plaider ma cause devant une commission de discipline de la Fédération française
de cyclisme. En me rendant avec mon avocat à
la maison des sports vers la porte de Gentilly, je
suis resté comme deux ronds de flan devant le
premier kiosque que j'ai croisé sur ma route. Ma
photo s'étalait à la Une de ce canard. Au
deuxième plan, la victoire de Virenque à Courchevel sur le Tour 97 !

Face aux cinq membres de la commission, je
devais m'expliquer sur mes agissements au sein
de l'équipe Festina. Moi et moi seul. Roussel
avait réfuté la légitimité de cette commission, les
coureurs concernés n'avaient pas été convoqués.
Comme d'habitude, c'est Willy qui portait le
chapeau. Mon avocat a insisté pour que la déci-

sion soit ajournée. Après une rapide concertation, la commission a accepté de repousser son verdict de deux mois. Je m'étais déplacé pour rien, mais j'avais au moins vu ma tête à la « Une ».

Le cas Willy Voet continuait à faire parler de lui. J'étais le seul à soulever des pans de vérité, parce que les déclarations de bonnes intentions, les leçons de morale ne suffisent pas. Excédé par le mutisme ambiant, j'ai accepté de participer à des émissions de télévision. Sur Canal Plus, j'ai croisé Bruno Masure dans une loge. Il a eu un petit mot sympathique. « Tiens, mais je vous connais, vous ! Je vous ai déjà vu à la télé... » Toute cette agitation a connu un nouveau point culminant lors de ma confrontation, le 15 octobre, avec Richard Virenque et Eric Rijckaert. « Virenque chez le juge » : le dernier épisode de la série remporta un gros succès médiatique. D'autant que Richard était flanqué de son avocat, l'inimitable Gilbert Collard.

Les deux hommes avaient fait une entrée de vedette. Là-dessus, ils étaient faits pour s'entendre. Sur le dossier en revanche, leur silence assourdissant ne trompait personne. À 9 h 45, tout le monde s'est retrouvé devant la porte du juge Keil. Rijckaert est arrivé par l'ascenseur réservé aux détenus, visage émacié, teint livide, menottes aux poignets. Trois mois de prison, ça vous met en lambeaux. Pendant ce temps, au fond du couloir, Richard et Collard devisaient en souriant...

Le décor m'était désormais familier mais la distribution avait en partie changé. Nous étions sept face au juge : de gauche à droite, maître Demarcq, l'avocat de Rijckaert, son client, maître Collard, l'avocat de Virenque, Richard, maître Bessis, moi, et Karine Mignon, la collaboratrice de maître Bessis. Aux côtés du juge se trouvaient maître Portal, une consœur de mon avocat, l'interprète, et, debout, près de la porte d'entrée, un confrère de Collard. Cette fois, je suis entré le dernier. J'ai croisé le regard de Richard, qui m'a toisé de la tête au pied. Par bluff, mais aussi, je pense, par surprise. Avec quatorze kilos en moins, je n'étais plus le même homme.

J'étais tendu en gagnant ma place. Certes, je connaissais le rituel de la confrontation mais revoir Richard dans un tel endroit, en compagnie de cet avocat ressemblant comme deux gouttes d'eau à sa marionnette des Guignols, me donnait froid dans le dos. Je n'étais qu'à un mètre de Richard, mais plus question de Willy et Ricardo, comme au bon vieux temps. Le juge a ouvert les débats. La quasi-totalité des questions était destinée à Virenque. Richard campait sur ses positions, ou, plutôt, sur celles de son avocat : il ne s'était jamais dopé ; les ampoules que lui remettait Rijckaert n'étaient que des produits de récupération ; il avait vaguement entendu parler de dopage au sein de l'équipe Festina, etc.

De ma place, je pouvais observer avec effarement le petit jeu auquel se livrait le défenseur de Virenque. C'est Jean-Louis Bessis qui, d'un coup de coude discret, m'alerta. À chaque question du juge, Collard remettait un bout de papier à son client. Richard ne faisait que répéter les notes. Incroyable. Et si Collard préférait le silence, il traçait un trait sur le bout de papier. Le duo était au point. Drôle d'heure de vérité.

À un moment, l'atmosphère devint franchement surréaliste.

Le juge : « Vous deviez pourtant être au courant puisque vous étiez le leader ? »

Richard Virenque : « Moi dealer ? Non, je ne suis pas dealer. »

Gilbert Collard : « Non, Richard. Le juge a prononcé le mot *leader*. Leader, ce n'est pas un délit... »

Nous étions au bord du fou rire. Voilà ce qui arrivait quand Richard était spontané ! Un lapsus révélateur. Comme Collard, il venait de se montrer digne de sa marionnette. Mais la suite s'est révélée moins drôle. Lorsque le juge Keil a demandé à Richard pourquoi son nom figurait dans mon carnet de la saison 98, il a osé répondre : « M. Voet a noté ces doses en face de mon nom afin de les vendre. » Comme si je me servais de son nom pour maquiller une activité de dealer... Hors de moi, je lui ai saisi le bras.

— Sale menteur. Tu n'as pas honte ? Après tout ce que j'ai fait pour toi, tu oses dire un truc pareil ? Mais Bon Dieu, ouvre tes yeux. Tu ne vois pas que tu fonces droit dans le mur ? Mais dis la vérité, on sera tous soulagés.

Collard a cru bon d'intervenir.

— Monsieur Voet, ça suffit. Vous n'avez pas le droit d'insulter mon client.

— Moi, je t'emmerde, guignol !

— Je vous interdis de me tutoyer.

— Je t'emmerde.

J'étais allé trop loin, je l'admets. Et le juge a calmé mes ardeurs.

À l'issue de la confrontation, pour éviter une nouvelle altercation, il nous a fait sortir à tour de rôle, Richard et moi. Devant son bureau, j'ai attendu Rijckaert. Lorsqu'il est sorti à son tour, nous nous sommes regardés avant de nous jeter dans les bras l'un de l'autre. Comprenant que, depuis des semaines, il s'était engagé dans une impasse, Eric avait décidé de corroborer mes propos et d'assumer ses responsabilités. Trois jours plus tard, il était relâché après plus de trois mois de détention à la maison d'arrêt de Douai.

Le soir même, Richard et Collard ont donné une conférence de presse... dans le hall de l'aéroport de Lille. Excusez du peu. Et, devant les journalistes, Virenque n'a pas hésité à affirmer que « Rijckaert a confirmé devant le juge qu'il n'a jamais donné des produits dopants aux coureurs de Festina, moi inclus... » C'est bien ce que Rijckaert avait dit au juge Keil. Mais Richard avait oublié la fin de la phrase enregistrée par la greffière : « ... sans qu'ils soient au courant ».

Le 26 novembre, je suis remonté à Paris pour me retrouver face aux cinq hommes qui allaient décider de mon avenir. La presse avait laissé entendre que les coureurs français qui avaient participé au Tour pour Festina seraient également présents au siège de la Fédération, à Rosny-sous-Bois. C'est pourquoi j'avais fait le déplacement. Mais je me suis retrouvé seul, avec mon avocat, pour m'entendre dire que mon cas était mis en délibéré et que je recevrai la décision par courrier dans les dix jours.

Le 10 décembre, vers 11 heures, Claude, le facteur, a sonné à ma porte. Il m'apportait une lettre avec accusé de réception, à en tête de la FFC. En l'ouvrant, je n'étais pas inquiet, simplement curieux. Je pensais écoper d'une sanction de six mois, comme les coureurs convaincus de dopage. La lecture des deux premières pages m'a plutôt rassuré. Elles se rangeaient aux arguments de mon avocat. J'avais bien transporté des produits dopants, mais sur ordre de mon employeur. Je tournais alors la troisième et dernière page pour arriver à la conclusion. Trois ans de suspension...

Trois ans pour avoir transporté de l'EPO et des hormones de croissance, produits indétectables qui ne sont d'ailleurs pas inscrits sur la liste des substances positives de l'Union cycliste internationale. Si je suis le raisonnement pratiqué par les coureurs, je n'avais donc pas enfreint la loi antidopage de l'UCI ou de la FFC qui, d'ailleurs, autorise un taux d'hématocrite de 50 p. 100 ! Trois ans, autant dire perpète à mon âge. Trois ans pour avoir trop parlé, surtout. Je ne comprenais plus rien. Heureusement que mes juges avaient manifesté leur approbation générale et unanime, sinon j'étais bon pour quarante piges... J'étais profondément dégoûté.

Je suis devenu un homme d'intérieur. Pour un type qui était dehors plus de deux cents jours par an, c'est un changement. J'ai gardé l'habitude de me lever tôt, à 6 h 30 environ. Je prépare le petit déjeuner pour ma femme et mes enfants avant d'accompagner ceux-ci à l'école. Mathieu est en quatrième, Charlotte en CM2, et je leur donne un coup de pouce en anglais, en espagnol. Au retour, je fais le lit, la vaisselle, la poussière. Je passe ensuite l'aspirateur. Puis je sors le linge de la machine pour l'étendre. Repasser, non, je ne sais pas encore. Vers 10 h 30, je pars me balader avec Roxanne, notre petite chienne. Un détour par le marchand de journaux avant ma visite quotidienne à mes beaux-parents. Un petit apéritif, histoire de ne pas être seul.

Je rentre ensuite à la maison préparer le déjeuner pour Sylvie et les gamins. Je n'oublie pas de prendre mes comprimés contre la tension. Puis je lis le journal ou je regarde la télé. Voilà. Je tourne en rond, je m'endors, je m'emmerde. Heureusement qu'ils sont là. Seul, j'étais foutu.

Épilogue

24 avril 1999. La saison cycliste a repris depuis plusieurs mois. Une saison qui repart, c'est comme un nouveau printemps. Moi, je suis resté au cœur de l'hiver. Mon avocat, à force de ténacité, a obtenu que ma sanction disciplinaire soit annulée en appel et ses demandes ont été entendues par le juge, qui a mis en examen Richard Virenque, Roger Legeay et Daniel Baal. Mais on a cambriolé sa voiture et il a essuyé un ridicule procès de Collard et de son client, qui lui réclament « cent mille francs de dommages et intérêts pour avoir insinué que Virenque se doperait ». Il y a quelques semaines, j'ai repassé avec succès mon code de la route. J'ai à nouveau le droit de conduire. Pour le reste, je suis bloqué au panneau stop.

Par la fenêtre, je regarde Florent, le fils du voisin, conduire le tracteur. Une vache a mis bas au petit matin et le père de Florent a la barbe noire. Dans le silence de mon appartement, je revois Gilles Delion, ce coureur symbole dont la valise bourrée de produits homéopathiques faisait rigoler tout le monde ! Excuse-moi, Gilles, d'avoir rigolé avec eux.

Si rien ne change, dans la course du gendarme et du voleur, ce dernier aura toujours une longueur d'avance. Camions glacières, valises miracles, tous ces petits secrets ont été éventés. Mais d'autres méthodes fonctionnent déjà. Voitures banalisées qui attendent les coureurs à l'hôtel, camping-cars de supporters qui circulent en toute impunité, le frigo plein d'ampoules cachées dans les pots de confitures, les yaourts ou la mozzarelle. On parle de maîtriser prochainement l'EPO ? La belle affaire. L'EPO est déjà supplantée par d'autres modes de dopage, cellulaire ou moléculaire. Au cours de mes dernières semaines chez Festina, Rijckaert m'avait aussi fait part de ses recherches en cours. Il étudiait les effets sportifs de l'Interleukine (nom de code IL-3), un produit utilisé dans le traitement de certains cancers. Une sorte d'hormone de croissance qui concentre ses effets sur certains tissus musculaires.

On ne pourra peut-être jamais prouver que le dopage a causé des morts. Comme on ne pourra jamais prouver le contraire. Alors, je pense à tous ces coureurs dont le cœur a lâché. L'Espagnol Vicente Lopez-Carril, mort à trente-sept ans ; le Belge Marc Demeyer, mort à trente-deux ans ; le Belge Geert Van de Walle, mort à vingt-quatre ans ; le Hollandais Bert Oosterbosch, mort à trente-deux ans ; le Polonais Joaquim Halupczok, mort à vingt-six ans ; le Hollandais Johannes Draaijer, mort à vingt-sept ans ; Paul Haghedooren, ancien champion de Belgique, mort à trente-huit ans ; la Hollandaise Connie Meijer, morte à vingt-cinq ans. Je pense à ceux-là, que j'ai bien connus, et aux autres, disparus plus anonymement sur une route d'entraînement. Avec eux, c'est le cœur du cyclisme qui a cessé de battre. Combien de morts faudra-t-il encore pour que l'on arrête le massacre ?

Table des matières

	Préface	9
I.	Champagne, perfusion et bac à légumes	13
II.	« Vous n'avez rien à déclarer ? »	25
III.	237, au fond à gauche	41
IV.	*I will survive...*	55
V.	Pilule génération	63
VI.	Un tuyau dans l'anus	77
VII.	Veux-tu une pâte de fruits aux yeux ?	91
VIII.	Le pot des fous	109
IX.	On aurait menti à Richard...	125
X.	X, Z, P, et la « spéciale » chrono...	145
XI.	Blanche cocaïne et certificat marron	181
XII.	« Leader ? Non, je ne suis pas dealer ! »	195
	Épilogue	211

Photocomposition Nord Compo (Villeneuve-d'Ascq)
Achevé d'imprimer en mai 1999
sur les presses de Brodard et Taupin à La Flèche
pour le compte des Éditions Calmann-Lévy
3, rue Auber, Paris 9[e]

Imprimé en France
Dépôt légal : mai 1999
N° d'éditeur : 12808/01 - N° d'impression : 1498W